観光ビジネス未来白書

観光ビジネス研究会代表
編著 **加藤弘治**

統計に見る実態・分析から見える未来戦略

2024年版

同友館

■ はじめに ■

　人類とさまざまなウイルスとの闘いやロシアによるウクライナ侵攻、ハマスとイスラエルの戦争など、残念ながら、およそ観光振興にとっては無益な事象があちこちで発生するなど、世界的に観光ビジネスを取り巻く大きな社会変化がここ数年に発生しています。

　観光ビジネスの中心的な事業分野である、旅行・宿泊・運送の業界などにおいても、新型コロナウイルス感染症の影響は大きく、人材の不足により企業の存続さえ難しい事態に陥りましたが、新型コロナウイルス感染症の第5類への移行が決まり、観光産業の回復がみられるものの、人材の育成や新たな価値の創造などについては、依然としてさまざまな課題が存在します。

　2024年版の『観光ビジネス未来白書』は、原点に戻って、日本の観光価値は"親切な人々と美しい自然環境"が基本であることを意識する中で、観光ビジネスの新たな発展を目指すことを各節において取り上げさせていただきました。

　合同会社観光ビジネス研究会は、株式会社同友館のご協力を得て、2009年度に『観光ビジネス未来白書』を年度版として発刊以来、わが国の親切な国民性を活かしつつ「高い科学技術を生かした丁寧なものづくり」と、世界に誇れる「豊かな観光資源を活かした観光振興」の両輪によって、安全で安心・幸せな国づくりを目指すべきであることを一貫して訴えてきました。

　2024年は世界的ビッグイベント「パリ・オリンピック・パラリンピック」が開催されますが、わが国が世界に誇れるサッカー・ラグビーや新しいスポーツなどを世界に発信できるチャンスです。この機を捉えてわが国のきめ細かなホスピタリティ、洗練されたサービスマインドとともに世界的にも評価される"観光デスティネーション"としてのわが国の地位を確かなものにしなければなりません。

　全国的に人口減少や高齢化が進行し、地域経済の市場縮小や慢性的な人手不足が懸念される中で、わが国の観光や観光ビジネスに求められることは、地方経済効果の追求、観光に関心が強い元気で意欲的な人々のさらなる広がり、世界に通用する新しいビジネスモデル構築への挑戦が必要になっています。私たち観光ビジネス研究会は地域経済の発展のために、観光ビジネス関連事業の取り組むべき方向をきちんとお示ししてご支援を続けて参ります。

2024年3月

合同会社　観光ビジネス研究会

代表社員　加藤　弘治

目次

第 **1** 章

世界と日本の「観光」の取り組み

1 ▶ 観光振興は世界各国の共通テーマ

2020年以降3年にわたって世界的に猛威を奮った新型コロナウイルス感染症の影響を受けて、世界的に観光ビジネスは大きな影響を被りましたが、観光振興は各国の経済発展にとっては欠くことができない重要なテーマになっており、世界の多くの国々が外国人旅行者の誘致に向けてしのぎを削り、観光消費に大きく期待する努力を続けている構図に変わりはありません。

世界および日本の観光ビジネスは世界規模で大きく後退しましたが、我慢を強いられてきた時期を経て、新型コロナウイルス感染症の第5類への移行もあってその影響も少しずつ弱まり、ようやく回復の兆しが見えてきました。しかし、観光を取り巻くさまざまな新たな問題として最近は、世界的に地域住民と観光客間のオーバーツーリズム問題や航空ビジネスや宿泊ビジネスの人手不足による新たな課題も発生しています。

2023年10月の訪日外国人数は251万6,500人を記録（対2019年同月比100.8％）、コロナ以降単月で初めて19年同月を超え、韓国、台湾、シンガポール、インドネシア、フィリピン、ベトナム、インド、豪州、米国、カナダ、メキシコ、ドイツ、イタリア、スペインの14市場で10月として過去最高を記録したほか、カナダ、メキシコ、ドイツでは単月過去最高を更新。2023年冬ダイヤ時点の運航便数もコロナ禍前の約8割まで回復しており、今後も東アジアを中心に増便・復便が予想されています。

■ 2022年の世界の観光の状況

国連世界観光機関（UNWTO）の発表によると、2022年の世界全体の国際観光客数は9億1,700万人となり、新型コロナウイルス感染症の影響による旅行者の減少からの回復が見られます。

2022年の地域別国際観光客数は、欧州は5億8,490万人（前年比92.0％増）、米州は1億4,240万人（同74.9％増）、アジア太平洋は8,440万人（同241.0％増）となり、世界的にコロナ禍からの急激な回復が明らかになっています。

地域別国際観光客数（2022年）	
欧　州	5億8,490万人（前年比　92.0％増）
米　州	1億4,240万人（前年比　74.9％増）
アジア太平洋	8,440万人（前年比241.0％増）
アフリカ	4,500万人（前年比132.4％増）
中　東	6,030万人（前年比144.4％増）

（出典：UNWTO国連世界観光機関資料より作成）

■ 2023年の日本の観光の状況

　わが国政府は、観光先進国を目標に訪日外国人旅行者（インバウンド）の一層の拡大、地方創生の柱としての観光振興、受け入れ環境の整備、質の高い国際交流の推進など、戦略的な取り組みを進めています。新型コロナウイルス感染症が第5類に移行されたこともあって、航空ビジネス・宿泊ビジネス・旅行ビジネスを中心とする観光ビジネスにおいて、新型コロナウイルス感染症の影響が弱まり、まだ安心できる状況にはないものの、徐々に観光ビジネス全体に活気が戻りつつある状況です。

　また、中長期的な視点から、持続的な発展に向けた環境面や観光面における「SDGs」の取り組みや、デジタル基盤整備のためのデジタル庁の発足、AI（人工知能）の利活用、5世代移動通信システムなどの最新技術を利活用することで、観光ビジネスの「DX化」を推進しようと取り組んでいます。

訪日外国人客数と日本人出国者数		
年　　度	訪日外国人客数	日本人出国者数
2019年1月〜12月	31,882,049人	20,008,000人
2020年1月〜12月	4,115,828人	3,170,000人
2021年1月〜12月	245,862人	512,244人
2022年1月〜12月	3,832,110人	2,771,770人
2023年1月〜10月	19,891,100人	7,649,100 人

（出典：JNTO「日本の観光統計データ」より）

　国連世界観光機関（UNWTO）の発表によれば、2023年第3四半期の世界の海外旅行者数が前年同期比22％増となり、パンデミック前の91％の水準まで回復したことを明らかにしています。

　2023年1月〜9月の実績を地域別に見ると、アジア太平洋は海外旅行の再開が遅れたことから2019年比62％と最も低く、南アジアは95％まで回復したものの北東アジアは約50％に留まっています。

　新型コロナウイルス感染症の影響が、世界的に徐々に軽減されて人々が積極的に動き出す傾向にあり、管理された安心・安全なわが国に対する外国の評価とともに、急速に外国人の姿が多く見られるようになりました。2023年は訪日外国人客数も日本人出国者数ともに、回復の兆しが見えてきました。

2 ▶ 国際観光収支の実態は

　国連世界観光機関（UNWTO）は、2021年の外国人旅行者の受け入れ数と国際観光収入の
ランキングを発表しましたが、国際観光収入は新型コロナウイルス感染症の影響が弱まり改善傾
向にあります。わが国の実情を見ても、最近の円安傾向のメリットもあってインバウンドは好調で、
その買物需要も大きくなっています。

外国人旅行者受け入れ数ランキングと観光収入ランキング（2021年）					
外国人旅行者受け入れ数			国際観光収入		
1位	フランス	4,840万人	1位	米国	702億米ドル
2位	メキシコ	3,190万人	2位	フランス	406億米ドル
3位	スペイン	3,120万人	3位	スペイン	345億米ドル
4位	トルコ	2,990万人	4位	アラブ首長国連邦	344億米ドル
5位	イタリア	2,690万人	5位	英　国	331億米ドル
6位	米　国	2,210万人	6位	トルコ	266億米ドル
7位	ギリシャ	1,470万人	7位	イタリア	252億米ドル
8位	オーストリア	1,270万人	8位	ドイツ	221億米ドル
9位	ドイツ	1,170万人	9位	メキシコ	198億米ドル
10位	アラブ首長国連邦	1,150万人	10位	オーストラリア	170億米ドル
ランク外	日本	125万人	29位	日本	47億米ドル

（出典：UNWTO（国連世界観光機関）資料より）

　インバウンドが大きく回復する傾向が鮮明になり、国の施策でもいろいろな取り組みが掲げら
れて、訪日外国人の来訪者数が急速に増加していることから、日本国内での旅行支出は拡大し
て、百貨店などの高級品の売り上げも好調に推移しています。

　日本人の海外旅行については未だに様子見を続ける人が多く、活発なのは国内旅行に限られ
ています。日本人の海外旅行が今後発展することができるかが課題となっており、富裕層シニア
の海外旅行の実施機運を高める環境醸成が必要になってきました。特に若者による海外旅行の
魅力の発信が期待されます。

3 観光がもたらす経済効果は

　わが国は急速に少子高齢化が進展しており、近い将来には総人口が大きく減少し、国内マーケットが縮小することが懸念されています。国民が今の生活水準を維持するためには、いつまでも加工製品輸出だけに頼るのではなく、観光分野等わが国の伝統、文化など平和で価値が高い資源を、より積極的に世界に広めることによって、新たな経済効果を生み出す取り組みが求められています。

　為替相場の変動による円高は原材料を割安にするものの輸出競争力を低下させ、また円安は輸出競争力を高めるものの原材料の仕入れが割高になることから、わが国は「高い技術のものづくり」と「豊富な観光資源を活用した観光」の両輪でポートフォリオのバランスをとって、高付加価値化の追求など、常に変動する為替相場にも左右されない安定した経済社会を構築することが必要です。

　わが国が、「観光立国」を掲げて観光を振興する意義は、①少子高齢化への対応、②地域経済の活性化、③為替変動への対応、④雇用の拡大が期待できることです。また、地域経済の活性化を図り、魅力ある地域づくりを進めるためには、それぞれの地域に育まれた地域独自の歴史や文化を含む、地域の観光資源を活用した新たなまちづくりやビジネスの創出が必要であり、そこに雇用も生まれます。加えて、訪日外国人旅行者を増大させることで、交流人口を増やし、その滞在費や特産品の購入などによって大きな地域消費につなげることが期待されています。

旅行消費の産業別経済効果			(2021年)
	旅行消費額	生産波及効果	雇用誘発
運送ビジネス	1.59兆円	2.02兆円	9.8万人
宿泊ビジネス	2.15兆円	2.17兆円	21.2万人
飲食ビジネス	1.38兆円	1.54兆円	28.1万人
食料品ビジネス	0.54兆円	1.34兆円	5.7万人
旅行サービスビジネス	0.65兆円	0.95兆円	5.6万人
小売ビジネス	0.74兆円	1.13兆円	19.7万人
農林水産ビジネス	0.12兆円	0.43兆円	13.5万人
その他ビジネス	3.13兆円	9.22兆円	52.4万人
合計	10.3兆円	18.8兆円	156万人

（出典：2023年版観光白書資料より作成）

観光がもたらす2021年の経済効果を見ると、直接効果として、運送ビジネス、宿泊ビジネス、飲食ビジネス、食料品ビジネス、旅行サービスビジネス、小売ビジネス、農林水産ビジネス他における旅行消費額が10.3兆円（前年度は12.02兆円）、生産波及効果（生産誘発額）は18.8兆円（同22.3兆円）、雇用効果（雇用誘発者数）は156万人（同185万人）といずれも減少しています。

訪日外国人旅行消費額ベストテン（2022年）		
1位	韓　国	1,352億円
2位	中　国	1,092億円
3位	米　国	959億円
4位	香　港	762億円
5位	台　湾	759億円
6位	ベトナム	618億円
7位	タ　イ	397億円
8位	シンガポール	346億円
9位	オーストラリア	291億円
10位	インドネシア	230億円

なお、2022年における訪日外国人旅行者による日本国内における消費額は8,987億円となり、ようやく2019年の実績近くまで回復しています。

これまでは欧米豪の富裕層をターゲットにした取り組みに力が入っていましたが、中国経済の減退もあり中国人による巨額な買物は期待ができないものの、2022年は東南アジアの経済成長に伴って、訪日外国人旅行消費額は、1位は韓国、2位は中国、4位は香港、5位は台湾、6位はベトナム、7位はタイ、8位はシンガポール、10位はインドネシアと、アジアの国・地域が大きく進展しています。

東南アジア諸国は、同じアジアの国であるわが国に対する関心が高い地域です。今後は中国にこだわらず、新しい平和なマーケットの拡大に目を向けて、いかにして日本の良さを伝え、東南アジア諸国からの訪日客の増加を図るかは、わが国の観光振興や観光による経済効果を上げるためにも重大な取り組みのひとつになりそうです。

4 観光交流先進国に向けては

わが国は「観光交流先進国」を目指すとしていますが、日本の観光はまだまだ一人前とはいえないようです。最も価値のある日本の観光資源や観光の魅力は、その国の豊かな自然景観や長い時間をかけて培ってきた国や地域の人々の生活や歴史、文化に対する理解を広めて交流することにあります。観光振興を図るにはさまざまな地域の魅力や価値をもっと知ってもらう努力が求められます。

観光交流先進国に向けて国・自治体・事業者・地域住民が、一体的に地域の資源を活用してわが国全体の観光の魅力を磨き上げ、魅力にあふれる"観光で輝く国"を確立するため、そして訪日外国人旅行者の満足度を引き上げるためには、観光の発展に向け積極的に取り組む明るく元気な観光人材の充実も不可欠になっています。

地域の魅力はその地に住む人が大きな役割を担っています。人が中心になって、地域の観光を磨き直し、原点に戻って魅力的な"観光の国"に向けた取り組みに努力しなければなりません。観光や観光ビジネスを発展させるのは"人そのもの"であることを再確認すべき状況になってきました。

わが国が「観光の国」として発展する可能性について検証してみると、観光を発展させるためには、①美しい四季と自然景観、②素晴らしい文化や歴史、③日本人のホスピタリティ、④洗練されたサービスマインドを「強み」とし、これを、ジャパンブランドへの信頼、アジア諸国の経済力向上、交通機関等の充実したインフラに重ねることで、世界の人々がうらやむ「観光中心の新しい国づくりビジョン」を推進する条件を十分に備えていることがわかっています。

「弱み」としては、労働生産性の低さ、言葉の壁の存在、「脅威」としては、地震などの自然災害の多さ、国際的に多発しているテロリスト・犯罪人などの入国などが挙げられますが、官民が協力してこうしたマイナス要因に対応する必要があります。観光庁が実施した「外国人が旅行中に困ったこと」アンケートでは、「コミュニケーションの取りにくさ」、「多言語表示の分かりにくさ」の改善を求める意見があり、さらなる多言語コミュニケーション力の向上が必要です。

「規模の経済」だけの論理では観光の発展は困難です。持続的な観光を目指すとき、短期的な利益追求ではなく本物の価値を示して適切なサービスを提供すること、観光の専門人材を充実させ観光資源の深耕や長期的見地から価値のあるものを適切に提供することが必要です。また、新型コロナウイルス感染症の流行までは世界的にはまだ目立たなかったものの、「オーバーツーリズム」と呼ばれる観光公害に対する考え方も大きくなってきました。世界的にも著名な観光地に旅行者が激増することで、地元住民の生活環境の不満なども大きくなっている現実も顕在化

しており、地域の実情や状況に応じたオーバーツーリズム対策が必要となっています。

　観光交流先進国として今後発展するためには、新型コロナウイルスなどの感染防止や自然災害発生時の適切な情報の提供など、万一の場合の備えとして医療を含めた訪日外国人への対応、環境や景観の保護、快適な旅行を提供できるよう、更なる努力が必要になっています。これらを解決できて初めて、わが国が観光交流先進国として、世界の人々に認められることになります。

■ 日本政府の取り組み

　2021年は、新型コロナウイルス感染症の影響により、世界の全方面からの訪日旅行者は大幅に減少しました。航空ビジネスだけでなく、全国の旅行ビジネス、宿泊ビジネス、地域の交通ビジネスや飲食ビジネス、物品販売ビジネスなど多くの産業でも就業者が減少して深刻な影響が生じていますが、日本社会や地域の発展のためには、人を中心にした地域独自の魅力を再発見して地域独自の発展を図ることが必要ではないかと感じます。

　政府は、新型コロナウイルス感染症の拡大以降も、わが国の"自然"、"気候"、"文化"、"食"といった魅力は何ら失われていないとして、国内観光客による地域の魅力の再発見を実現しなければならないとしています。2020年に発生した新型コロナウイルス感染症の世界的な流行の影響は現在もなお残る状況の中、インバウンドの段階的復活に向けた取り組みを推進、観光は成長戦略の柱、地方創生の切り札であるとして、「ストレスのない旅」を実現することにより、官民一体となって観光立国を実現するとしています。

　政府は、2023年3月31日に決定した「観光立国推進基本計画」に従い、地域一体となった観光地・観光産業の再生・高付加価値化のため、宿泊施設等の改修、観光DXや観光産業の革新、観光人材の育成・確保などの取り組みを支援するとしています。

■ 2023年の観光施策（2023年「観光白書」より抜粋）

　　地域一体となった観光地・観光産業の再生・高付加価値化

　　観光DXの推進

　　観光人材の育成・確保

　　観光地域づくり法人（DMO）を司令塔とした観光地域づくりの推進

　　持続可能な観光地域づくりのための体制整備等の推進

　　良好な景観の形成・保全・活用

　　持続可能な観光地づくりに資する各種の取り組み

旅行者の安全の確保

インバウンドの回復に向けた集中的取り組み

消費拡大に効果の高いコンテンツの整備

地方誘客に効果の高いコンテンツの整備

訪日旅行での高付加価値旅行者の誘致促進

戦略的な訪日プロモーションの実施　など

　日本政府観光局（JNTO）が行った、来日した訪日外国人旅行者に対するアンケート調査によると、訪日外国人旅行者が次回の日本訪問でしたいことは、下表のようになっています。

　日本の観光旅行は世界的に人気が高まっていますが、1位の「日本食を食べること」や2位の「ショッピング」についての関心は非常に大きな割合を示しており、インバウンドの参考にしたいところです。

訪日客が次回したいこと（2022年）			2022年	2023年
1位	日本食を食べること		72.2%	98.4%
2位	ショッピング		47.0%	76.9%
3位	自然・景勝地観光		45.8%	46.6%
4位	温泉入浴		45.1%	―

訪日外国人一人当たり旅行支出（2022年）						
宿泊費	飲食費	交通費	娯楽サービス	買物代	その他	合　計
80,207円	53,002円	23,921円	15,478円	61,679円	237円	234,524円

（出典：観光庁「訪日外国人消費動向調査」より）

5 ▶ 地方創生と観光振興の重要性は

■ 観光振興による地域活性化

　地方創生のためには、「規模の経済」で量的な追求を進め、効率性の追求により利益を最大にするというこれまでの進め方を見直す必要があるかもしれません。アフターコロナの観光振興は、「観光」の原点に戻って、国を構成する「地域の価値」を見直して磨き上げ、観光振興にしっかり取り組む人材を育て、世界から羨まれ評価される観光の国づくり、大都市中心から地域都市の観光を推進する方向を定めて事業の再構築に取り組むチャンスとしなければなりません。

　観光振興による地域活性化の重要性が認識されつつあります。全国各地の地域づくりや経済活性化に向けた地方創生の政策が展開される状況において、地域の「観光振興」は地域活性化の切り札として大変重要な分野であり、また地域の「観光」の魅力度向上は、国際的にも通用するビジネスにつながることに変わりはありません。

　国内観光によって地域経済を活性化させるためには、地域の自治体・事業者・住民が一体となり、地域の独自資源を再認識して「その地域ならではの本物の魅力」を再認識することから始めなければなりません。新型コロナウイルス感染症が第5類に移行されたとはいえ、感染症対策の徹底が必要不可欠となっています。

■ 地域ならではの観光資源

　わが国は、「美しい景観」、「ゆったりした時間」、「新鮮で美味しい食べ物」、「あたたかいおもてなし」、「海、山の自然」など多くの観光資源を有しています。活用すべき地域資源は、景観や施設だけでなく、地域の住民が長い時間をかけて創り上げてきた地域の文化や食べ物、地域で育まれた知識や経験、技術、地域の人々の気質も観光資源の要素です。「地域の観光の魅力は、よそ者のほうがよく見える」といわれます。地域住民は自分たちの有する素晴らしい観光資源に気づかないことも多いことから、地域の人材の育成や外部の専門家など第三者の客観的な意見を取り入れて、当地ならではの観光資源を掘り起こし、人々の知恵によって磨き上げることが必要です。

　当社で地域の観光振興に対する自治体調査を行った結果、観光振興にとっての課題は2つに集約されました。自治体が意識している課題のひとつは、「観光振興に取り組む人材の不足」であり、いまひとつは「観光振興に必要な資金の不足」となりました。

　資金の不足については、近年、公的な機関や金融機関などがファンド形式で資金支援を募ったり、民間組織が地域の観光振興を民間人の寄付の形で小口の資金支援を行うクラウドファン

ディングを活用できるチャンスが広がっています。地域の観光振興を応援するため、「ふるさと納税」を活用する手法も浸透してきました。他方、「観光振興に取り組む人材」の育成・確保については、一部の先進的な地域を除いては、ほとんどの自治体が不十分な状態にあるといえそうです。

■ 地方創生支援の現状と取り組み

各地方自治体は、「地方人口ビジョン」や「地方版総合戦略」を策定し、地方が自立していくために、自らが考え、責任を持って戦略を推進していくことが求められています。観光地域づくり法人「DMO」とは、地域の自治体に代わり観光振興を担うための組織ですが、自治体の人材だけでは対応が難しいことから、政府は「DMO」を通じて観光地づくりを促進しようとしています。

2023年9月26日現在の登録観光地域づくり法人（登録DMO）は282件あります。その内訳は広域連携DMOが10件、地域連携DMOが108件、地域DMOが164件となっており、登録観光地域づくり法人に対しては、政府は財政的な支援などを実施することとしていますが、「日本版DMO」組織を戦略的に機能させる人材開発は未だ不足している状況にあります。

観光地域づくり法人DMO
広域連携DMO　（登録法人10件）
複数の都道府県に跨がる地方ブロックレベルの区域を一体とした観光地域づくりを行う組織 ① （公社）北海道観光振興機構（北海道） ② （一社）東北観光推進機構（青森県、岩手県、秋田県、宮城県、山形県、福島県、新潟県） ③ （一社）関東広域観光機構（福島県、茨城県、栃木県、群馬県、埼玉県、千葉県、東京都、神奈川県、新潟県、山梨県、長野県） ④ （一社）中央日本総合観光機構（富山県、石川県、福井県、長野県、岐阜県、静岡県、愛知県、三重県、滋賀県） ⑤ （一財）関西観光本部（福井県、三重県、滋賀県、京都府、大阪府、兵庫県、奈良県、和歌山県、鳥取県、徳島県） ⑥ （一社）せとうち観光推進機構（兵庫県、岡山県、広島県、山口県、徳島県、香川県、愛媛県） ⑦ （一社）四国ツーリズム創造機構（徳島県、香川県、愛媛県、高知県） ⑧ （一社）山陰インバウンド機構（鳥取県、島根県） ⑨ （一社）九州観光機構（福岡県、佐賀県、長崎県、熊本県、大分県、宮崎県、鹿児島県） ⑩ （一財）沖縄観光コンベンションビューロー（沖縄県）
地域連携DMO　（登録法人108件）
複数の地方公共団体に跨がる区域を一体とした観光地域づくりを行う組織
地域DMO　（登録法人164件）
基礎自治体である単独市町村の区域を一体とした観光地域づくりを行う組織

（2023年9月26日現在の登録法人、「観光庁」の資料から作成）

観光庁の認定する登録観光地域づくり法人（登録DMO）への地域の期待はますます大きくなっていますが、大きな視点でDMOをまとめきれる人材やマーケティング力の不足が原因でDMOとしての観光地経営の実現に向けた活動が順調に進んでいるとはいえない状況です。適切な人材育成を強く推進することや外部の信用できる観光専門団体・専門家の支援を活用することなどにより、さらに積極的な取り組みが求められます。

　着地型日帰りバスツアー、地域特産の料理の提供、地域独自の体験ツアー、地域の自然の楽しみ方や、地域のお祭りへの参加体験、地域住民や若者との交流などをテーマにした、地域ならではの企画やイベントを情報発信することで、優れたデスティネーションとして、多くの来訪者を地域に誘導するチャンスが広まります。

　新型コロナウイルスの発生で、人々の営みに確実に変化が表れています。マイクロツーリズムで地域の魅力を再発見したり、テレワークの取り組みの増加や大学のリアル講座の減少などで、東京一極集中に変化が表れ、地域の発展に取り組む若年層の活動も活発になっています。これまでの大都市指向の風潮から、改めて人の生き方について考え直すチャンスが到来したともいえます。

　地域の発展のためには、地域の若い人たちの活躍が必要で、自分の生まれ育った地域を今より良くしたいと取り組むさまざまな支援を、地域の有力者や自治体が積極的に進めることが望まれます。高校生は自分の将来に向けて大学進学のことを考え、大学生は自分の未来を大都会での活躍に夢を膨らませます。しかし、地域の発展や起業家を創り出すためには、将来は地域に戻って新しいビジネスを起業するという決意を少しでも早いタイミングで、小学生や中学生の段階から促し、こうした活動を応援するためのサポートが必要ではないでしょうか。

6 観光マーケットの近未来は

　近年の観光マーケットは、新型コロナウイルス感染症が第5類に移行されたのちは、国内マーケットの活性化による国内需要の高まりに加えて、外国人旅行客も為替相場の有利さを反映したこともあり、急速に回復しています。

　訪日客に対しては、オーバーツーリズム対策に関する理解、災害発生時の行動などについてのきめ細かな情報の伝達が大切になってきます。安心・安全な日本旅行のためにできる限りのサポートでファンの期待を裏切らないことが必要で、インバウンドマーケットの急激な復活について、情報技術の進歩により、多言語対応の翻訳機やアプリソフトも利用しやすく技術的な改善が進んでいます。

　外国人のわが国への旅行志向はかつてないほど高まっていますが、日本への旅行については外国語による意思疎通が難しい点が課題となっており、外国人旅行者が日本の観光をさらに意義あるものにするためには、観光情報の理解や意思疎通をもっとスムーズに高めることが不可欠です。

　日本観光の価値は、親切な人々の存在と美しい自然環境にあるとされますが、外国人観光客にこれらを実感してもらうためにも、店舗や案内所等で多言語対応ができる人材の配置が難しい場合には、音声翻訳デバイスやスマホアプリを積極的に活用したいものです。

　観光マーケットの近未来の取り組みとして、DXの活用、観光マーケットの原点回帰、ニューノーマルの認識、が必要とされています。また、2015年サミットにおいて、持続可能な開発目標（SDGs）として、2030年までに達成すべき17の目標が採択されました。「SDGs」は発展途上国のみならず、先進国自身が取り組む普遍的なものとされ、世界に認められる観光、観光ビジネスを開発推進するうえで欠かせない視点であり、また新たなビジネスを創出する着眼ポイントとしても活用したいところです。

　観光業界に必要とされる具体的な取り組みとして、滞在型観光の促進、新たな顧客層の開拓、ワーケーションなどの促進、地域の自然・文化・人を活用した観光コンテンツの開発、健康・自然志向に対応したコンテンツの提供が指摘されています。

　"人が人に提供するサービス"の価値を、デジタルの活用によりさらに高めて、地域の本物の価値をマイクロツーリズムの促進などを通じて、もっと効果的にアピールすることができれば、地域を中心にした「新たな地域経済圏」を形成することも可能になるでしょう。

7 観光ビジネスと人材への期待は

　地域の自治体の多くは、中長期の観光振興プログラムを策定していますが、個別の具体策にまでは踏み込めていないため、実現の可能性が低い"絵に描いた餅"状態になっているケースが散見されます。活性化に成功しているのは、地域の意欲的なリーダーや元気な女性、感性豊かな若者、地域おこし協力隊などの熱意を結集して取り組んでいる地域に限られているといっても過言ではありません。

　観光振興のほとんどの部分は、「ひと」によって進めることができる分野であるため、観光振興による地域活性化に熱く取り組む地域の人材を発掘して組織し、コミュニティを通じて知恵と活動を集約することが重要になります。

　国内旅行は、働き方改革で有給休暇取得が奨励され、各地域ではマラソンやサイクリングなどスポーツ人気が高まり、さらに国内空港の運営民営化の進展、地方空港へのLCCの就航や路線拡大があり、訪日外国人旅行者も地方都市へ足をのばすなど活発化しましたが、2020年に新型コロナウイルスが発生して、世界的な規模で観光ビジネス全体に大きな影響を与え、わが国のこうした流れもとん挫しました。

　コロナ禍を経て、地域の観光や観光ビジネスを発展させるためには、観光を通じて自分を成長させ、社会に貢献しようと深く考え、活動する地域人材の存在が不可欠です。"観光ビジネスを発展させるのは「ひと」である"ことから、地域おこし協力隊の若者や元気な女性などの活躍場面が拡大することにより、未来の地域観光の発展を支えることが期待されています。

　大学生の就職先として人気が落ち込んでいた観光産業ですが、2024年大学卒就職人気企業ランキングの文系総合ランキングによれば、前年19位だった「JTBグループ」が第3位にランキングされて、観光産業の復活に希望が見えています。

2024年大卒者就職人気企業ランキング（文系総合）		
順位	企業名	前年順位
1	ニトリ	3
2	東京海上日動火災保険	1
3	JTBグループ	19
4	ファーストリテイリング （ユニクロ・ジーユー・プラステ・セオリー）	13
5	伊藤忠商事	5
6	三菱UFJ銀行	21
7	味の素	10
8	日本生命保険	4
9	ソニーミュージックグループ	6
10	Plan・Do・See	12

（出典：マイナビ統計資料より）

　観光ビジネス研究会は、"観光の未来"を一緒になって切り拓くために、観光や観光ビジネスに携わる方々や意識の高い方々と広く連携して、観光を「知る・学ぶ・交流する・実現するコミュニティ」のコンセプトのもと、「観光ビジネス研究会コミュニティ」会員サービスをスタートさせています。

　詳しくは「観光の窓口」サイト（http://kanmado.com）にてご案内しておりますので、観光や観光ビジネスに関心をお持ちの方はぜひ入会をご検討ください。観光ビジネス研究会は、これからも観光ビジネスに関心のある「コミュニティ会員」の皆さまとともに、観光および観光ビジネスの健全な発展を支援して参ります。

　地域の観光の活性化を図るためには、地域の観光を応援する若者の活躍が期待されますが、観光ビジネス研究会では人材育成事業の一環として、2021年度より「地域旅行管理者セミナー」を開講し「地域限定旅行取扱管理者」の資格取得を目指す受講生の学習を支援しています。地域の観光を応援する、地域自治体、DMO関係者、地域おこし協力隊、地域ボランティアガイド、地域の起業家などの皆さまにとって、大きく役に立つ資格です。2024年の国家試験についても受講生の募集を開始しますので、この機会に地域旅行管理者資格への挑戦をご検討ください。詳しくは「観光の窓口」のホームページでご案内しております。

　観光の振興計画の策定や専門的支援および観光ビジネスの成長を図るための経営支援などについては、観光ビジネス研究会にお気軽にご相談ください。

観光ビジネス研究会ホームページ

URL：http://kanmado.com（観光の窓口）

観光ビジネス（63分野）の現状と未来戦略

わが国の産業統計に「観光ビジネス」としての分類がないことが、一般的に「観光」についての全体的な概念がイメージしにくい最大の原因となっています。わが国の観光行政を所管する観光庁の取り組みをコアに、各省庁間に広がる観光施策を一元化し、省庁の縦割り組織から脱却すべきです。国を挙げて新型コロナウイルス感染症に厳しく対応、観光ビジネスを一体的に支援する体制を徹底することにより、観光および観光ビジネスの効果的な発展が可能であると考えます。

　観光ビジネス研究会では、観光ビジネスとして認められる産業群をピックアップして下表のように集約・分類しました。観光ビジネスは、非常に幅広い業種から構成されていることがわかります。

観光関連産業の分類	
観光産業分類	日本標準産業分類
宿泊サービス	751 旅館・ホテル、752 簡易宿所、75A 会社・団体の宿泊所、75B 他に分類されない宿泊業
飲食サービス	761 食堂、レストラン（専門料理店を除く）、763 そば・うどん店、764 すし店、765 酒場・ビヤホール、766 バー、キャバレー、ナイトクラブ、767 喫茶店、76A 日本料理店、76B 中華料理店、76C 焼肉店、76D その他の専門料理店、76E ハンバーガー店、76F お好み焼・焼きそば・たこ焼店、76G 他に分類されないその他の飲食店、771 持ち帰り飲食サービス業、772 配達飲食サービス業
旅客輸送サービス	421 鉄道業（貨物を除く）、431 一般乗合旅客自動車運送業、432 一般乗用旅客自動車運送業、433 一般貸切旅客自動車運送業、439 その他の道路旅客運送業、451 外航海運業（貨物を除く）、452 沿海海運業（貨物を除く）、453 内陸水運業（貨物を除く）、461 航空運送業（貨物を除く）、693 駐車場業
輸送設備レンタルサービス	704 自動車賃貸業
旅行業その他の予約サービス	791 旅行業
文化サービス	802 興行場・興行団、82C 博物館・美術館、82D 動物園・植物園・水族館、941 神道系宗教、942 仏教系宗教、943 キリスト教系宗教、949 その他の宗教
スポーツ・娯楽サービス	705 スポーツ・娯楽用品賃貸業、785 その他の公衆浴場、803 競輪・競馬等の競走場、競技団、80B 体育館、80C ゴルフ場、80F テニス場、805 公園・遊園地
小売	561 百貨店・総合スーパー、569 その他の各種商品小売業、571 呉服・服地・寝具小売業、572 男子服小売業、573 婦人・子供服小売業、574 靴・履物小売業、579 その他の織物・衣服・身の回り品小売業、581 各種食料品小売業、582 野菜・果実小売業、583 食肉小売業、584 鮮魚小売業、585 酒小売業、586 菓子・パン小売業、58A 料理品小売業、56B 他に分類されない飲食料品小売業、605 燃料小売業

（出典：経済センサス一基礎調査産業分類より）

第2章では、観光ビジネスに該当する63のビジネス分野について、その現状を分析しています。それぞれの観光関連ビジネスの領域が近い将来どのように変化し、それぞれの観光ビジネス領域は環境変化に対応してどのような経営戦略を描くことが求められるかなどについて、観光の専門家であり、かつ経営の専門家である中小企業診断士が、具体的に「未来戦略」を提案しています。

■ **第1節** は「**旅行関連観光ビジネス**」の**6分野**の現状と未来戦略の提案。

1-1.「旅行業ビジネス」　　　　　　　1-2.「着地型観光ビジネス」

1-3.「添乗員派遣ビジネス」　　　　　1-4.「通訳案内・ガイドビジネス」

1-5.「ツアーオペレータービジネス」　1-6.「オンライン予約ビジネス」

■ **第2節** は「**宿泊関連ビジネス**」の**8分野**の現状と未来戦略の提案。

2-1.「シティホテルビジネス」　　　　2-2.「リゾートホテルビジネス」

2-3.「ビジネスホテルビジネス」　　　2-4.「日本旅館ビジネス」

2-5.「民宿・ペンションビジネス」　　2-6.「民泊ビジネス」

2-7.「ゲストハウスビジネス」　　　　2-8.「歴史建造物等を活用した宿泊ビジネス」

■ **第3節** は「**旅客輸送サービスビジネス**」の**8分野**の現状と未来戦略の提案。

3-1.「国際航空ビジネス」　　　　　　3-2.「国内航空ビジネス」

3-3.「格安航空(LCC)ビジネス」　　　3-4.「空港施設ビジネス」

3-5.「鉄道ビジネス」　　　　　　　　3-6.「バスビジネス」

3-7.「レンタカー・観光タクシービジネス」　3-8.「クルーズ客船ビジネス」

■ **第4節** は「**まちづくり関連観光ビジネス**」の**7分野**の現状と未来戦略の提案。

4-1.「音楽イベントビジネス」　　　　4-2.「アートイベントビジネス」

4-3.「ライティングイベントビジネス」　4-4.「まつりビジネス」

4-5.「町屋・まちなみビジネス」　　　4-6.「史跡巡りビジネス」

4-7.「地域おこし型観光ビジネス」

■ **第5節** は「**レジャー・サービス関連観光ビジネス**」の**6分野**の現状と未来戦略の提案。

5-1.「テーマパーク・遊園地ビジネス」　5-2.「ブライダルビジネス」

5-3.「農林漁業観光ビジネス」　　　　5-4.「アドベンチャーツーリズムビジネス」

5-5.「温泉施設ビジネス」　　　　　　5-6.「エステ・リラクゼーションビジネス」

■ **第6節** は「**飲食・土産関連観光ビジネス**」の**8分野**の現状と未来戦略の提案。

6-1.「飲食店ビジネス」　　　　　　　6-2.「駅弁・空弁等ビジネス」

6-3.「フードイベントビジネス」　　　　　　6-4.「ワイナリービジネス」

6-5.「酒蔵ビジネス」　　　　　　　　　　　6-6.「道の駅ビジネス」

6-7.「土産ビジネス」　　　　　　　　　　　6-8.「サービス土産ビジネス」

■ **第7節** は「**教育関連観光ビジネス**」の**4分野**の現状と未来戦略の提案。

7-1.「観光関連大学・専門学校ビジネス」　　7-2.「観光関連資格取得ビジネス」

7-3.「ミュージアムビジネス」　　　　　　　7-4.「動・植物園・水族館ビジネス」

■ **第8節** は「**ニューツーリズムビジネス**」の**10分野**の現状と未来戦略の提案。

8-1.「MICEビジネス」　　　　　　　　　　8-2.「産業ツーリズムビジネス」

8-3.「エコツーリズムビジネス」　　　　　　8-4.「コンテンツツーリズムビジネス」

8-5.「スポーツツーリズムビジネス」　　　　8-6.「カルチャーツーリズムビジネス」

8-7.「ヘルス/メディカルツーリズムビジネス」　8-8.「ウェルネスツーリズムビジネス」

8-9.「オンラインツーリズムビジネス」　　　8-10.「ユニバーサルツーリズムビジネス」

■ **第9節** は「**注目の観光ビジネス**」の**6分野**との現状と未来戦略の提案。

9-1.「観光DX・ITビジネス」　　　　　　　9-2.「遺産観光ビジネス」

9-3.「旅行関連商品ビジネス」　　　　　　　9-4.「IR（統合型リゾート）ビジネス」

9-5.「シェアリングエコノミービジネス」　　9-6.「ナイトタイムエコノミービジネス」

　観光関連ビジネスは、今回取り上げた第2章第1節から第9節の「63分野」にわたる幅広い領域に関連する、すそ野が広いビジネス分野であることをご確認いただき、本書で取り上げるさまざまな観光関連ビジネスが、新型コロナウイルス感染症収束後の未来社会の発展に向かって成長すべきビジネスであり、新たな地域のビジネスとしても有望であることにお気づきいただけると思います。

　観光関連ビジネスは、人的サービスに依存する体質から、かねてから労働生産性が低いことが指摘されており、さらに人手不足や働き方改革も進行していることから、それぞれの観光ビジネスにおいても、新型コロナウイルスのダメージを引きずることなく、新しい時代の価値創造の取り組みを追求することによって、さらにビジネスとしての経済効果をあげることが期待されています。人口が減少して地域産業の停滞が懸念され、地域社会を発展させるために「観光」に注目して地域活性化に取り組むことはわが国の宿命でもあります。大都市から地方への移住が注目され、地域社会の未来の発展につなげるためにも、創業を目指す意欲旺盛な女性や、夢の実現を目指す若者が、「観光ビジネス」に取り組むべきことに大きな価値があることを知っていただきたいと考えます。

本書は、新型コロナウイルス感染症によって、世界的に壊滅的な影響を受けることになったことで、各業界はその後どのような状況にあり、それぞれ、どんな考えのもとにビジネスとしての価値を見つけながら、急速に変動していくこれからの社会環境を的確に把握し適応するべきかを考えるうえでのポイントやアドバイスをお示ししています。

　具体的な観光振興による地域活性化の戦略的な計画づくりのためには、観光ビジネスについての専門的なアドバイスや支援が必要です。観光ビジネス研究会は、観光ビジネスのそれぞれの分野における事業戦略の立案や実行計画の作成、さらに具体的なコンサルティング、観光および観光ビジネスに関する課題の解決について支援しております。

　当社 Web サイト「観光の窓口」（http://kanmado.com）では、参考になる最新の観光情報を中立的な立場で広く提供し、さまざまな現地視察についても発信を続けておりますので、どうぞご覧いただければと存じます。

第 **1** 節

旅行関連観光ビジネス

1-1 旅行業ビジネスの現状と未来戦略

過去5年間の旅行業者数の推移										(単位：社、%)
	2019年		2020年		2021年		2022年		2023年	
	実数	前年比	実数	前年比	実数	前年比	実数	前年比	実数	前年比
総数	11,560	4.1	11,948	3.4	11,888	△0.5	11,791	△0.8	12,090	2.5
旅行業者	9,783	1.0	9,790	0.1	9,610	△0.8	9,454	△1.6	9,447	△0.1
第1種	691	0.4	686	△0.7	670	△2.3	631	△5.8	627	△0.6
第2種	3,022	1.4	3,043	0.7	3,036	△0.2	3,035	0.0	3,054	0.6
第3種	5,803	△0.2	5,692	△1.9	5,451	△4.2	5,254	△3.6	5,143	△2.1
地域限定	267	33.5	369	38.2	453	22.8	534	17.9	623	16.7
旅行業者代理業	675	△4.4	620	△8.1	564	△9.0	537	△4.8	511	△4.8
旅行サービス手配業	1,102	53.7	1,538	39.6	1,714	11.4	1,800	5.0	2,132	18.4

（出典：観光庁資料（2023年4月1日時点）より作成）

現 状

　旅行業者は、①海外旅行・国内旅行の募集型企画旅行の実施、海外・国内旅行の手配および他社の募集型企画旅行の代売を行う「第1種旅行業」、②海外募集型企画旅行の企画・実施を除く旅行業務を行うことができる「第2種旅行業」、③募集型企画旅行の企画・実施を除く旅行業務を行うことができる「第3種旅行業」、④地域限定の国内募集型企画旅行のみ実施できる「地域限定旅行業」、⑤旅行業者が委託する範囲の旅行業務を行うことができる「旅行業者代理業」に区分されています。

　観光庁によると、2023年4月1日現在の旅行業者の総数は1万2,090社となり、前年から2.5%（299社）増加しました。旅行業はコロナ禍で大打撃を受けましたが3年ぶりの増加に転じ、初めて1万2,000社の大台に乗りました。着地型商品を扱う地域限定旅行業が16.7%増と2桁の伸びを維持したことに加え、国内の地上手配を行う旅行サービス手配業も18.4%増と2年ぶりに2桁成長を取り戻して2,000社を超え、全体をけん引しました。しかし、第1種、第3種、旅行業者代理業は減少が続いています。コロナ禍を挟んで、従来型の旅行業者は横ばいか減少する一方、近年に制度化された新たな事業形態の旅行業者の増加傾向がさらに鮮明になっています。

　新型コロナウイルスの影響がまだほとんどなかった2020年4月1日時点と比較すると、第1種は8.6%減、第3種は9.6%減、旅行業者代理業は17.6%減。一方、地域限定旅行業は68.8%増、旅行サービス手配業は38.6%増とその傾向差は明らかになっています。第2種は0.4%増となっています。

コロナ禍を踏まえ旅行業ビジネスの未来を予測するうえで大切なことは2つあります。ひとつは、旅行需要は、新型コロナウイルス感染症の状況が落ち着き、人々が安心して出かけられる環境になれば、間違いなく回復するということです。日本人の国内旅行や海外旅行だけでなく、訪日外国人の再来についても大きな需要が期待できます。もうひとつは、「脱旅行業」を意識した多角化に取り組まなければ、旅行業ビジネスは生き残りが難しいと認識しなければならないことです。規模の経済を追求する旧態依然、安売り中心のビジネスモデルでは、新型ウイルスの再来などによっては、事業存続の危機が訪れる可能性は否定できないと認識しなければなりません。他業種との連携、独自の魅力を明確にして、事業を再構築していくことが重要です。

2022年の全国旅行施策、水際対策緩和を経て2023年は国内旅行がコロナ禍前にようやく回復をした状況にあります。インバウンド旅客も足元の2023年10月時点の月間では、コロナ前を超えた急回復ぶりを呈していることから、2024年は急速なインバウンドの再来に対応する受け入れ体制を組み直し整備すること、一部の観光地に集中するオーバーツーリズム現象を緩和または解消する多数の手立てをいかに構築するかが課題となります。

もうひとつの脱旅行業に対応した具体的な未来戦略では、大手旅行会社に共通したキーワードは「ソリューション事業への進出」です。株式会社JTBは2021年4月から、3つの事業戦略(ツーリズム事業本部、エリアソリューション事業部、ビジネスソリューション事業本部)を柱とする組織を設置し、このうちエリアソリューション事業部では地域の交流促進に関する支援を、ビジネスソリューション事業本部では企業や自治体を支援するとしています。また、株式会社日本旅行は中期経営計画で非旅行業のシェアを7割とするソリューションビジネスに軸足を移すとしています。

中小旅行会社の未来戦略は、「地域密着」と「顧客の絞り込み」がキーワードとなります。インターネットでは収集できないその地域ならではの生きた情報を蓄積し、お客様の細かな要望に応えられる体制を創り上げることです。例えば、熟年富裕層にターゲットを絞り込んだ会員制旅行組織の運営など、特定の顧客に絞り込んだ思い切ったビジネスを進めることが必要となるでしょう。

コロナ禍による旅行業界へのダメージの深刻さは言うまでもありませんが、これは貴重な人材を失う局面でもありました。そのような旅行業の経験や実績のある希少人材はホームエージェント(自宅での旅行代理店業)としての独立開業の道も考えられます。マイクロツーリズムの流れがある中、顧客を限定して、より密接な関係を構築して、地域限定旅行業務取扱管理者資格の取得を活用したスモールビジネスもチャンスがあります。

1-2 着地型観光ビジネスの現状と未来戦略

	情報サイト名	内容	URL	QRコード
	着地型旅行商品情報サイト			
1	じゃらん遊び体験 (株式会社リクルートホールディングス)	遊び・体験予約。楽しい思い出を作りに行こう。	http://www.jalan.net/activity/	
2	旅プラスワン (株式会社ホワイトベアーファミリー)	国内旅行のオプショナルツアーの専門サイト。品揃えは最大級。	https://www.tabione.com/	
3	アソビュー (アソビュー株式会社)	日本全国の遊びを便利にお得に予約できるサービス。	http://www.asoview.com/	
4	ぽけかる倶楽部 (株式会社ポケカル)	「ポケットカルチャー」の略。日帰りツアーを通して「ポケットに入れて持ち運べるようなお手軽さで、さまざまな文化・新しい世界に触れていただきたい」という創業の思い。	http://www.poke.co.jp/	
5	VISIT (株式会社観光販売システムズ)	現地で日本を楽しもう。旅をさらに充実「VISIT」は、現地で楽しむことができる、人気のおすすめ体験と観光を紹介・販売するサイトです。その場所にしかない、景色、グルメ、体験を通じて、日本を思いっきり楽しもう。	http://visit-town.com/	
6	GetYourGuide	数ある海外OTA(オンライン・トラベル・エージェンシー)の中でも旅ナカの体験・アクティビティ商品の予約に特化したアクティビティ系OTA。インバウンド集客に強い。	https://www.getyourguide.jp/	

(各社ホームページより観光ビジネス研究会作成)

現状

　着地型旅行商品とは、旅行者を受け入れる観光地(着地)が主体となって造成される旅行商品です。従来、旅行商品のほとんどは、大都市圏に住む旅行者のニーズを把握して造成された発地型旅行商品で、旅行者を募集・集客し観光地へと送りこむというスタイルでした。パッケージツアーに代表される、いわゆる「マスツーリズム」と呼ばれている形態です。旅行の個人化、個性化が進んだ結果、本物志向や旅先でしか味わえないものを求める傾向が強まり、その嗜好も十人十色と細分化しています。そこで、地元に精通した人たちが知恵を出し、工夫を凝らして魅力的なプログラムを造成しようとする動きが着地型観光ビジネスといえます。着地型旅行商品では、着地側の目線を取り入れて、地域観光素材の掘り起こしや、地域の観光資源を活かした独自性のある旅行商品を創ることができるため、観光を通じた地域振興に大きく貢献できます。旅行業法で地域限定旅行業が制度化され、観光協会や宿泊施設などが、募集型企画旅行にあたる着地型商品を企画販売できるようになっています。

　観光庁は、国内外の観光客に新たな地域への来訪動機を与え、地方誘客を図ることを目的に、2016年度から2020年度まで「テーマ別観光による地方誘客事業」に取り組みました。この事業は、酒蔵、食、文化財、ロケ地など、特定の観光資源を有している地方公共団体や観光協会、旅行者、関係団体等の地域ネットワークを対象にして、観光客の地方への誘致を図る取り組みです。

未来戦略

　着地型旅行商品はこれまで主に外国人旅行者が利用してきました。ウィズコロナの時代には「マイクロツーリズム」という新語が認知されたように、国内観光客、地元住民など、より身近な人も楽しめる商品造成も見直されてきています。マイクロツーリズムは、旅中または自宅（着地と置き換えることも可能）からおよそ数時間圏内の短距離旅行の形態です。

　着地型観光ビジネスのコンセプトは、「地域密着」、「地域連携」、「地域協働」です。そして着地型観光ビジネスの未来戦略は、①地域独自の魅力を生かしたサービスを顧客目線で提供する、②ビジネス視点でのマーケティングを促進する、③地元出身者に限定せず「おもてなしの精神」をもった優秀な地域ガイドを育成する、④旅行者が参加したい目的を把握する、⑤着地型旅行の参加者から得られるアンケートを分析して、この地域ならではの差別化要因を明確に打ち出す、⑥旅行者と地域住民がWin-Winの関係になる、⑦「共感の連鎖」を生むためにSNSを活用する、ことが重要となります。これらを意識して行うことが着地型観光を成功させるポイントです。

　旅行者ニーズの多様化・専門化、さらに高度化が進む中、今までのマスツーリズムでは、もはや旅行者が求める個性的なものを提供できなくなっていることを、着地型観光ビジネス、マイクロツーリズムで充足し顧客満足を勝ち取ります。地域にとっては、マイクロツーリズムならではの複数地域への来訪需要の創出や、地域間で課題や成功事例を共有することで効果的な観光振興策の推進につながります。

　インバウンド観光客が急増した都市では「観光公害（オーバーツーリズム）」の問題が発生しました。今後は、都市部での一極集中の問題を緩和するための回遊性や周辺地域への分散化の流れもでてきます。着地型観光ビジネスは、小さな地域を活性化させる魅力的なビジネスであるとともに、観光客を周辺地域の魅力により分散化させる役割も担うことになります。京都と大阪の中間に位置する枚方市では、江戸時代に淀川舟運で発展した枚方宿・枚方エリアをテーマにまちあるき観光で地域を活性化しようとする動きが見られます。ただ、留意点は「観光客数の増加イコール地域が潤う」ということはない、ということです。多くの地域では観光を盛り上げることが地域の持続的な発展につながると考え、知恵を出し合って地域にしかない価値を高めようとしています。しかし、訪れた観光客がそこで宿泊なり、体験なり、スポーツなり何らかの消費活動を行い、地域にお金が落ちなければ、地域振興にはつながりません。着地型観光ビジネス成功のためには、観光客と地域住民の双方に配慮し、当地に行かなければ得られない特別な価値を見つけて磨き上げ、その価値を最大化できるような工夫や、高付加価値を富裕層に認められる観光地マネジメントを行うことが重要になります。

1-3 添乗員派遣ビジネスの現状と未来戦略

添乗員派遣会社数と登録派遣添乗員数

年　　度	派遣会社数	登録派遣添乗員数	男性	女性
2017年	40社	9,291人	23.8%	76.2%
2018年	38社	9,086人	25.1%	74.9%
2019年	39社	8,968人	25.2%	74.8%
2020年	35社	7,045人	25.5%	74.5%
2021年	35社	6,847人	26.2%	73.8%

（出典：一般社団法人日本添乗サービス協会資料より）

現　状

　添乗業務は、旅行会社として自社催行の旅行で添乗の仕事を担当するほか、添乗員派遣会社から旅行会社へ派遣され、添乗の仕事を担当しています。旅行会社が販売する添乗員同行パッケージツアーの添乗員のほとんどは、添乗員派遣会社から派遣されています。派遣されて専門的に添乗の仕事をする人材は、いわゆる「プロ添」と呼ばれる旅の演出家です。

　添乗員はツアーコンダクターと呼ばれ、旅行そのものが好きな人や同行する旅行者のお世話をすることに充実感を感じる人など、女性にも人気のある職業で、女性ツアーコンダクターの割合は全体の73.8％を占めています（2021年）。新型コロナウイルス感染症の影響で、派遣先である旅行業界も大きな打撃を受けており、登録派遣添乗員数は2021年には6,847人まで減少しています。

　添乗員に求められる経験や能力は、派遣添乗員の登録に際して公的資格は必要とされませんが、主任添乗員として国内添乗業務に従事するにあたっては、国内旅程管理主任者または総合旅程管理主任者資格を取得する必要があります。専門学校や大学等で観光学を学び、旅行や添乗に関する資格・検定を経て派遣添乗員として登録する場合も見られます。実際にお客様と接する職務であるため、常にホスピタリティの意識を持って業務にあたることが求められ、旅程を安全に進行させ、発生したトラブルを逐次解決することが必要となるため、プロとしての迅速かつ的確な対応力や行動力が求められます。

　添乗員＝ツアーコンダクターは、旅行案内業務のプロフェッショナルです。優秀な添乗員には旅行に参加する人々の旅に対する魅力度を高め、個人的にさらに楽しく充実したものにする能力があります。新しい知識を習得するだけでなく、旅行者の期待以上の案内ができたときに感謝される喜びに心を弾ませることができるといった一種の才能は、まさに個人スキルとして高く評価されます。

未来戦略

　社会人としての常識や礼儀作法だけでなく、円滑な意思疎通やお客様への気配りができてトラブルにも冷静に対応できるツアーコンダクターは専門能力を高く評価されます。これからは、人間的にも魅力的な添乗員をお客様が指名することが旅行の価値を引き上げることになりそうです。

　お客様に同行して旅行のお世話をする国内旅行の添乗員は、お客様に愛される旅行好きで若い女性が多い一方、「プロ添」になる方はツアーコンダクターと呼ばれ、海外添乗ができるベテラン女性も多く存在します。仕事の立場上、プロの添乗員は登録添乗員派遣会社を通して派遣を依頼する旅行会社の指名を得ることになりますが、派遣元と派遣先の力関係だけでなく、添乗員としての経験やスキル、資質や人間性によって評価され、今後は自分の能力やペースで自由に働ける時代がやってくると想定されています。

　新型コロナウイルス感染症の影響を完全に払拭できていない旅行業界ですが、観光地について詳しく説明する「オンラインツアー」の添乗員は、長い経験とスキルを感じさせる女性の活躍が際立っており、経験を評価されて地域の理解と発展に貢献できる人も多くなっています。地元独自の歴史的・文化的な詳しい情報を、興味深く的確に旅行者に伝えることができる「団体ツアー」の添乗員の評価が再認識されています。

　日本の観光に対する世界各国の注目度は高くなっています。規制緩和により再開が見込まれる訪日外国人旅行者に対して、インバウンドを担当することを深く理解する人々の関わりが必要であり、心のこもったおもてなしマインドが豊かな添乗員やガイドの活躍が不可欠です。将来的にはレベルに応じた専門家としての高い報酬が保証されることも期待されています。

　海外や国内を問わず、添乗員としての努力によって得られた本物の知識や知見こそが、その旅行自体の価値を飛躍的に高めることはよく知られています。ある特定の部門での詳しい専門性を持ったツアーコンダクターグループを立ち上げて、旅行の添乗員としてだけでなく、専門知識によって旅行者の要望に応えることを徹底することで、顧客の旅の目的に合致するツアーコンダクターをWebから検索して指名できれば、新しいビジネスとして成立することも期待できます。

　一般社団法人日本添乗サービス協会は、会員企業の添乗員のレベルアップと専門性を明確にするため「添乗員能力資格認定試験」を実施していますが、2021年にスタートした「TCSAインバウンド検定」は、ベテラン添乗員にとってもさらに飛躍できるチャンスにつながりそうです。

1-4 通訳案内・ガイドビジネスの現状と未来戦略

全国通訳案内士試験の受験者数・全体合格率（2022年）					
	受験者数	第1次合格者	第2次合格者	最終合格者	合格率(%)
英語	2,594	946	923	452	17.4
フランス語	162	38	53	12	7.4
スペイン語	99	19	22	16	16.2
ドイツ語	44	18	19	11	25.0
中国語	320	65	84	38	11.9
イタリア語	71	25	26	12	16.9
ポルトガル語	32	5	14	6	18.8
ロシア語	42	20	18	5	11.9
韓国語	87	27	26	19	21.8
タイ語	21	1	1	0	0.0
計	3,472	1,164	1,186	571	16.4

（出典：観光庁資料より）

現状

　改正通訳案内士法の施行で通訳案内士の業務独占規制が廃止され、通訳案内士は「全国通訳案内士」と「地域通訳案内士」制度が新設されました。その結果、自治体が地域独自の「地域通訳案内士」を育成できることになり、「全国通訳案内士」資格のない者であっても有償で通訳案内業務を行えるようになりました。

　「全国通訳案内士」は英語やフランス語など10か国語で実施される国家資格ですが、2022年度の最終合格者の合格率は16.4%の狭き門となっています。

　一般社団法人インバウンドガイド協会では、検定や資格、研修制度を設け、関連法や接遇の知識・スキルを習得できる教材も作成し、ガイドのみならず旅行業や宿泊、輸送など訪日外国人客に接する関係者が活用できるようにしています。通訳ガイドは通訳のみならず、旅行スケジュールの管理や宿泊先の確認、荷物の管理、買物のアドバイスといった業務もかなりの割合を占めています。

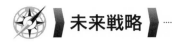

未来戦略

　新型コロナウイルス感染症の世界的な流行により、コロナ禍前は賑わっていた日本への外国人観光客は姿を見せなくなっていましたが、2022年10月からは外国人旅行者の入国制限を緩和しており、徐々に訪日外国人旅行者数も増加しています。外国人観光客は大都市より地方都市に興味を広げていることから、「地域通訳案内士」や「地域に詳しいベテランボランティアガイド」の活躍場面は、今後拡大すると考えられます。

　この地域にはこれだけの詳しいガイドができる人材が揃っていることをアピールすることにより、地域に関心を持つ外国人旅行客が多くいることに早く気づく必要があります。全国各地には、事情が十分理解できていない外国からの来訪者に対して、日本人ならではの親切なおもてなしの心で接することができる地元の人々がたくさん揃っていることが、外国人に日本のすばらしさをまっすぐに実感できるのではないでしょうか。まさに国際交流は、このような日本人のきめ細かな親切心が世界的にも高く評価されている一因でもあることから、日本各地の親切で規律正しい人々の存在と、わが国の美しい自然景観や伝統文化を深く伝えることにさらに力が発揮できる環境を、創り上げてほしいものです。有償ガイドを活用したい自治体にとっては質を担保できるガイド不足の解消を目指しています。国内旅行であれ海外旅行であっても、フレンドリーな地域住民の存在はその地域に愛着を感じてその後も訪れる交流人口につながります。地域住民は一度でもお世話をする機会があれば、自分とともにその地域を代表してリピートにつなげることに貢献できます。世界的に安心・安全で魅力的な日本への観光旅行は非常に人気があり、フレンドリーな国民性だけでなく、特にマンガやコスプレなど日本文化に興味を持つ人たちの評価は高くなるばかりであり、ガイドとしての新しい知識の習得も必要になっています。産業観光と呼ばれる分野や伝統工芸品の体感ツアーの分野などの参加者の評価が高くなっている要因は、ベテランの観光人材の存在が大きく、見どころをクローズアップすることで、新しい観光コンテンツとして紹介することができているためです。

　日本を代表して、訪日外国人に対して地域の観光事情を興味深く伝えることは非常に価値のある仕事です。親切でおもてなしの心にあふれる優れた日本人ガイドとして訪日外国人に対して良い印象を決定づけ、日本ファンの外国人になってもらうことで、この国の発展にとっても多大な貢献につながります。若者による積極的なガイドへの取り組みが、この国を世界に向けてさらに魅力的なでグローバルなデスティネーションに引き上げることになります。

1-5 ツアーオペレータービジネスの現状と未来戦略

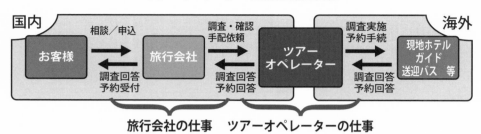

ツアーオペレーターと旅行会社の関係

（出典：一般社団法人日本海外ツアーオペレーター協会ホームページより）

現　状

　新型コロナウイルス感染症の世界的な流行の影響で、国によって状況の違いはあるものの、外国人の受け入れが復活できない状況が続きました。日本も2022年10月に、日本人観光客の出国だけでなく外国人観光旅行者の受け入れが解禁されましたが、残念ながらまだ復調には届かない状況にあります。

　ツアーオペレーターは、日本ではランドオペレーターとも呼ばれ、お客様である旅行者とツアーオペレーターの関係は、2018年の旅行業法改正までは法的にもその役割は規定されておらず、一般の旅行者にとっては理解されにくい立場でした。ツアーオペレーターは日本の旅行会社に対するサービス機関として、海外の旅行に関する調査や海外の旅行に関する必要な現地ホテル・レストランの予約、送迎バスやガイドの予約・手配を行う海外現地手配の専門家です。

　一般社団法人日本海外ツアーオペレーター協会（OTOA）の正会員は、2023年6月現在、106社・賛助会員は29社あり、海外旅行の旅行先の手配を専門に行うツアーオペレーターが、世界80か国245都市・811拠点に広がるネットワークを活かして、安全対策にも万全を期しています。

　手配地域別は、東アジア・東南アジア・南アジア・中近東・北米・カリブ中米・南米・東ヨーロッパ・中央アジア・西ヨーロッパ・アフリカ・ハワイ・ミクロネシア・オセアニア・ポリネシア・南極となっており、手配種別は、現地発着ツアー・クルーズ・イベントチケット・海外挙式・ホテルクーポン・レストラン・アウトドア・アクティビティ・ショッピング・各種パス・レンタカー・現地航空券・海外業務視察・その他に分類されます。

　情報の種類は、病院、救急車、売薬、衛生上注意、警察、紛失物、航空会社、外務省、保険会社、カード会社、旅行会社、銀行、基本情報、一般情報、豆知識になっています。

未来戦略

　海外旅行に出かける日本人旅行者は多数になり、海外の事情にかなり詳しい日本人も増加傾向にありますが、日本の旅行会社では得られない海外現地の詳細な事情や実情などの詳しい情報が出発前に求められるようになってきました。

　日本の旅行会社は、お客様に魅力的なツアーをつくり上げなければ、参加するお客様の確保も年々難しくなっています。旅行会社としての価値を高めるためには、きちんと旅程を管理できる旅行ビジネスの専門家としての能力を持っているだけでなく、日本から送り出した観光客を安全に案内できる現地旅行会社（ツアーオペレーター）との関係づくりに力を入れなければなりません。

　ツアーオペレーターは、旅行会社から手配を請け負う国の旅行ビジネスの専門家としての強みを発揮し、手配業務を的確に行うことが必要です。しかし、取引先が旅行会社に限定されることから、旅行会社の下請的な立場になり低収益傾向になりがちです。この取引構造をいかに改善できるかが課題です。

　国によっては、日本の旅行会社の言いなりになってしまう単なる海外の地上手配業者でしかないツアーオペレーターも存在しますが、難易度の高い海外の専門手配業者として、はっきりとした理念を持って日本の旅行会社との契約関係を維持できているツアーオペレーターも存在します。

　ホテルの確保や適切な料金などについて大きな手配力を持つ会社、自社やグループでバスを保有する会社、交通機関とのさまざまな有利な契約を持っている会社、大きな組織力や資金力を発揮できる会社など、日本の旅行会社と対等な契約関係を締結できる力のあるツアーオペレーター組織も存在します。

　今後は、ツアーオペレーターがさらに詳しい現地の最新情報をいち早く発信できるようにすることが求められています。日本の旅行会社と対等にビジネスができる関係を構築するためには、日本では収集できないさまざまな最新の現地情報を適切に日本の旅行会社に提供することが重要になります。ツアーオペレーターとしての能力を国際的な見地から整え、要望のあった情報や必要とされそうなデータを適切に提供できる体制を整えることが大切です。

　加えて、旅行の受け入れに伴う適切な組織と人材の確保が必要です。インターネット環境を駆使して、日本人観光客が安心してサービスの提供を受けられるように、まずは、日本の旅行会社がまだデータとして保有していない現地の最新情報や動向を適切に提供する取り組みが、日本の旅行会社からの手配受注の確保や関係づくりには欠かせません。

　そして観光庁および関係省庁との緊密な連携・協力、観光関連団体・駐日外国大使館・政府観光局への協力などがさらに求められています。

1-6 オンライン予約ビジネスの現状と未来戦略

OTA（オンライン・トラベル・エージェント）		
日本の主要OTA	**海外の主要OTA**	
1. 楽天トラベル	1. ブッキングドットコム（Booking.com）	本社はオランダ
2. じゃらんnet	2. エクスペディア（Expedia）	世界70か国に支店
3. Yahoo！JAPANトラベル	3. トリップドットコム（Trip.com）	本社は中国
4. LINEトラベル	4. トリップアドバイザー（TripAdvisor）	本社は米国
5. 一休.com	5. eDreams ODIGEO	本社はスペイン
6. Relux	6. アゴダ（agoda）	アジアの宿泊予約

（出典：「訪日ラボ」資料より作成）

現 状

　2022年10月からわが国は入国者数の上限撤廃、短期滞在者の査証免除が実施され、徐々に人の動きが出てきました。また、政府の「全国旅行支援」が始まり国内旅行の活発な旅行熱が高まっていますが、この政策は2023年3月まで延長されました。

　新型コロナウイルス感染症の影響は大きく、世界各国の旅行制限も続いて、旅行業界は多大な影響を被っていますが、オンライン旅行エージェント（OTA）は、サービス系・デジタル系分野の中心的な割合を占めており、親和性が高いデジタル分野においても成長ビジネスとされてきました。

　国内のOTAで1位の「楽天トラベル」は国内業界最大規模で、登録宿泊施設は29,457件（2022年10月現在）、集客力向上を目指すコンサルティングを提供しています。2位は「じゃらんnet」で、リクルートグループが運営し、旅行関連サイトで2022年に2,730万人をあげています。3位は「Yahoo！JAPANトラベル」で2022年の閲覧者は1,300万人、ふるさと納税の返礼品提供など自治体・DMOと連携した地域観光Webプロモーションが得意です。4位の「LINEトラベル」は、海外航空券・ホテルを比較検索できる旅行情報サイトで、2020年の閲覧者数は1,220万人、キャンセル保険も取り扱います。5位の「一休.com」は、Zホールディングスグループの一員で会員数1,000万人、高級志向で他者との差別化を図ります。6位の「Relux」は株式会社Loco Partnersが運営し、会員数は250万人、「あなたがまだ知らないような特別体験」を届ける宿泊予約サービスを追求します。

　海外のOTAは、世界的な大手ホテルチェーンと同様にグローバルなスケールによる取り組みが求められる時代になっており、急速なイノベーションが進んでいます。DXを活用してかなり大規模なシステムが開発されています。

　OTAはインターネットのみで取引を行う旅行会社をいいます。またJTBやHISなど実店舗を構える旅行会社の場合はTTA (Traditional Travel Agent)と呼ばれます。TripAdvisorやLINEトラベルなど、複数の予約を比較できるサイトは、メタサーチエンジン(価格比較サイト)とされています。

　OTAはオンライン上のみに存在する旅行会社であることから、インターネット環境のイノベーションの発達により、オンラインで旅行関連の商品を提供するだけでなく、国内・海外を問わずさまざまな最新情報を活用した新しい価値の創造と付加価値の高さを競うようになってきました。

　新型コロナウイルス感染症の影響は発生から4年目に入り、航空ビジネスや宿泊ビジネスは徐々に需要を回復しているものの、依然として旅行ビジネスは苦難が続いています。特に実店舗を構える旅行業者はまだ回復が遅れており、事業拠点の減少に加えて専門人材の不足によるサービス低下も懸念されています。

　OTAの無店舗型運営は、店舗設備や専門人材にかかる経費が大きくないことから、サイト上で展開する旅行商品は、パッケージツアーだけでなく、宿泊施設、旅行先への移動手段、現地での交通手段など、幅広く顧客満足に丁寧に対応する商品に注力しています。

　ネット環境の発達により、オンラインで旅行関連サービスを予約する人は全体の50.1％を占めています。JTB総研の「スマートフォンの利用と旅行消費に関する調査(2019)」によれば、スマートフォンを利用した旅行商品の予約は、「国内ツアー」の割合が減少傾向にある一方で、「宿泊施設」が首位に立つなど、旅行者自身が予算と趣向に合うよう比較検討して旅の内容を選択しているようです。

　オンライン旅行業界の国際会議「WIT Japan」において、世界的にオンライン旅行マーケット(OTA)の成長スピードは鈍化していると指摘されています。OTAはマーケット情報や競合施設の分析機能、旅行者動向の資料などさまざまな分析機能の利用が可能です。若者の間ではパソコンではなくスマートフォンで情報収集する傾向があり、サイト上にあふれる情報を整理し意思決定をすることを面倒くさいと感じて、結果として旅行商品を購入しなかったという回答が41.1％に上っています。

　OTA業界は、旅行業界の環境変化と、かつての伝統的旅行会社が目指すべき方向性について、旅行以外に顧客の求めるものを組み合わせた「新しいOTAならではの商品開発」に積極的に取り組むことが必要となります。TTA(伝統的旅行会社)が注力すべきは、自社のノウハウや、かねてより培ってきたサプライヤーとの信頼関係をベースにした「本物の価値」や「質の高いサービス」、顧客との関係性をさらに深める専門性を高め、戦略的に取り組むことが必要です。

第 **2** 章

観光ビジネス（63分野）の現状と未来戦略

第 **2** 節

宿泊関連ビジネス

2-1 シティホテルビジネスの現状と未来戦略

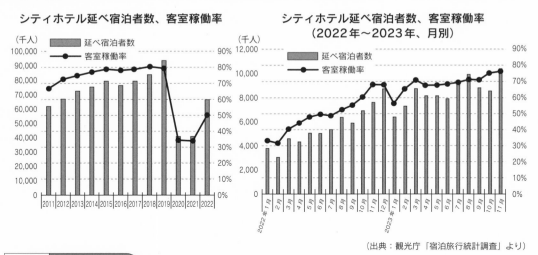

（出典：観光庁「宿泊旅行統計調査」より）

現　状

　シティホテルとは、都市に立地し、機能面では、宿泊だけではなく宴会場やレストラン、プール、スポーツジム施設など多様なニーズに対応した複合的機能を持つホテルのことです。1990年代以前は、宴席や式典など法人需要の宴会や結婚披露宴が好調であったため、売上の大半を一般宴会や婚礼部門が占めていました。また、宴会施設などの集客機能を持つシティホテルは、その集客力を期待され、全国での都市再開発の展開とともに増加しました。

　上掲の左グラフのとおり、これまで宿泊者数と稼働率は、インバウンドの増加に伴い増加してきました。コロナ禍の影響で宿泊客は大きく減少しましたが、右グラフのとおり、昨今の国内旅行需要やインバウンドの回復により、再び増加に転じています。一方で、かつては大きな収益の柱であった婚礼部門の売上は婚礼市場の縮小とともに年々減少傾向が続いていましたが、コロナ禍でのいわゆる「3密」回避から披露宴が敬遠されたことを契機に婚礼スタイルのカジュアル化が一段と進み、急激に減少しています。また、レストラン部門も市中に個性的で高品質なレストランが増えたことで、婚礼部門、レストラン部門ともに厳しい状況が続いています。そのため、シティホテルは宿泊に特化したビジネスホテルなどに比べ、依然として厳しい経営状況が続いており、特に婚礼施設やレストラン店舗などの複合的機能についての構造変革が急務となっています。

　また、人材面でも、長期にわたるコロナ禍での宴会需要の低迷により、配膳スタッフの人材派遣や紹介を担う企業の廃業や登録していた臨時雇用社員等が他業種へ流出したままとなっています。全般的な人手不足の中で、とりわけ宴会部門はコロナ禍後の需要回復期においても配膳スタッフの人手不足の問題が解消できず、深刻な懸念事項となっています。

　今後のシティホテルは、まずは、市場の縮小、婚礼スタイルの変化が著しい婚礼部門と競争力を失ったレストラン部門の整理と再構築が必要です。具体的には、婚礼部門で挙式場や写場など婚礼専用施設を賃貸スペースなど他の用途への転換を進め、レストラン部門はホテルとして必要な業態が何かを見極め取捨選択し、場合によっては競争力をもったレストラン会社への賃貸や運営の委託化を検討していくべきです。そのうえで、ビジネスホテル等と明確な差別化を図っていくためにも、今後のシティホテルの未来戦略として、シティホテルの特性であり強みである複合的機能を活用した「総合的価値の提供」と「高い付加価値を持った高品質なサービスの提供」が重要です。

　「総合的価値の提供」については、コロナ禍により需要が減少した宴会部門ですが、人と人とのリアルな交流を生み出す宴会は、むしろコロナ禍を経て改めて良さが見直されたともいえます。リアルな交流の魅力を引き出す宴会スタイルの企画とともに、その魅力をしっかりとPRすることがより重要です。例えば、熟練したシェフの考案で食を通じた豊かなライフスタイルや食文化を提案する宴会イベント等を積極的に企画し発信することで、宴会の魅力が見直され需要回復にもつながります。また、こうしたイベントを堪能した後、余韻に浸りながらそのままゆっくりとホテルで宿泊することも可能です。宴会以外でも、記念日などのハレの日にレストランで熟練シェフの美味しいディナーと熟練ウェイターによる心地よいサービスを堪能した後、落ち着いたバーラウンジで団欒し、客室でゆっくりと睡眠をとります。翌朝はジムで心地よい汗を流し、地元食材を使った贅沢な朝食をたっぷり摂り幸福感を感じるといった、カスタマージャーニーを想定した一連の上質なホテルライフを都市部においても味わえることが、シティホテルならではの提供価値といえます。

　次に、「高い付加価値を持った高品質なサービスの提供」については、ビジネスホテルの利便性や機能性が向上する中、利用客がシティホテルに求めることは、熟練したスタッフが提供する上質なサービスへの信頼と安心感です。熟練スタッフだからこそ生み出せる、TPOに応じたゲストを気遣うプラスアルファの一言、ゲストの利用履歴や嗜好に合わせた個別の対応、ニーズを先読みしたサービスの提供など、人を介した心地よいサービスこそが高い付加価値を生み出します。さまざまな人生の節目となる記念日など特別な日での宿泊先、大事な賓客の宿泊先に指定される存在であることこそ、シティホテルの存在意義といえます。

　今後、ますます多様な宗教、文化、習慣を持つ訪日外国人客の増加が見込まれます。連動して増加する上質なサービスを求める訪日客に対し、多言語対応はもちろん、多様な宗教や生活習慣を理解し、ストレスフリーに対応できる高いスキルを持ったプロ人材を確保し、中長期的な視点で継続して育成していくことも、シティホテルの大きな役割です。

2-2 リゾートホテルビジネスの現状と未来戦略

主な外資系リゾートホテル			
所在地	ホテル名	所在地	ホテル名
北海道／ニセコ	パーク　ハイアット　ニセコ	三重県／奥志摩	アマネム
北海道／ニセコ	ニセコビレッジ・リッツ・カールトン・リザーブ	滋賀県／守山	琵琶湖マリオットホテル
北海道／ニセコ	ヒルトン　ニセコ　ビレッジ	京都府／京都嵐山	翠嵐　ラグジュアリーコレクションホテル 京都
北海道／ルスツ	ウエスティン ルスツリゾート	和歌山県／白浜	南紀白浜マリオットホテル
岩手県／安比高原	インターコンチネンタル　安比高原リゾート	大分県／別府	ANAインターコンチネンタル別府リゾート＆スパ
栃木県／日光	ザ・リッツ・カールトン日光	宮崎県／宮崎	シェラトン・グランデ・オーシャンリゾート
神奈川県／箱根町	ハイアット リージェンシー 箱根 リゾート＆スパ	沖縄県／名護	ザ・リッツ・カールトン沖縄
神奈川県／箱根町	ホテルインディゴ箱根強羅	沖縄県／本部瀬底	ヒルトン沖縄瀬底リゾート
山梨県／山中湖	富士マリオットホテル山中湖	沖縄県／北谷	ヒルトン沖縄北谷リゾート
長野県／軽井沢	軽井沢マリオットホテル	沖縄県／那覇	ノボテル沖縄那覇
長野県／軽井沢	ホテルインディゴ軽井沢	沖縄県／宮古島	イラフ ISU ラグジュアリーコレクションホテル沖縄宮古
静岡県／伊豆	伊豆マリオットホテル修善寺	沖縄県／宮古島	ヒルトン宮古島リゾート

(各社ホームページにより観光ビジネス研究会作成)

現　状

　一般にリゾートホテルは他の宿泊施設タイプと比べて、利用目的が目的地ではなく、そのホテルに滞在すること自体が目的となることが多く、他の宿泊施設タイプよりも独自性や高い付加価値などが求められることが大きな特徴です。

　一時的に新型コロナウイルスの感染拡大で需要が低下したものの、インバウンド需要の拡大を背景に、リゾートホテルの宿泊者数は増加傾向にあります。また、訪日客のリピーター化により地方へのインバウンド需要が高まるにつれて、上掲の表のとおり地方都市に外資系ホテルの新規開業が相次いでいます。

　また、コロナ禍を契機にリモートワークが拡がり、観光地やリゾート地でリモートワークを活用して働きながら休暇を取る、いわゆるワーケーションが拡がりました。ワーケーションの普及は地方経済の活性化にもつながるため、政府も後押しをしています。これまで、主にバケーション目的で利用されてきたリゾートホテルですが、家族との触れ合う時間と仕事を両立させるというリゾートでの新しい働き方が定着すれば、新たな需要として定着する大きなチャンスといえます。

　今後、円安の追い風も受け、訪日外国人客のさらなる需要拡大とリピート化が見込まれ、日本の新たな魅力を求めて地方への人の流れが勢いづくことが見込まれます。リゾートホテルもこのチャンスを逃すことなく、自ホテルの魅力づくりはもちろんのこと、さらなる集客のために周辺の観光資源を活かした地域全体での魅力づくりも重要です。

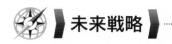 **未来戦略**

　国内外を問わず、観光客の地方への関心が高まっています。特に地方において、その土地でしか味わえない料理やさまざまな体験こそが、旅の醍醐味であり、旅の真の価値といえます。リゾートホテルの多くは地方のリゾートに立地しているという特性から、こうした地域独自の魅力を引き出し、顧客にその魅力をいかに発信するかが、リゾートホテル自体の需要の拡大とともに、地方経済の活性化のためにも、より重要となっています。今後、リゾートホテルに求められるのは、地域との共生とともに、地元にある観光資源の魅力の発掘力とその魅力を活用する企画力といえます。

　未来戦略のひとつは、ホテルが立地する「自然」を観光の素材として活かしていくことです。リゾートホテルは、国立・国定公園など、自然豊かな場所に立地していることが多いといえます。アクティブシニアの増加に伴う心身の健康への関心の高まりに加え、コロナ禍を契機としたいわゆる「三密」の回避から、アウトドア・自然志向が強まりました。また、観光庁が中心となって、アクティビティ、自然、文化体験といった地域資源を活用したアドベンチャーツーリズムが推進され、魅力づくりのチャンスといえます。そして、日本特有の四季の変化や自然を求めて訪日する海外からの観光客も多く、訪日外国人にもニーズがあります。ホテル独自の企画のほか、こうした着地型観光との提携により、自然を存分に楽しめる自然体験や健康増進のアクティビティ、文化体験等を充実させることで、来訪のきっかけづくりやホテル滞在日数の長期化にもつなげられます。

　また、コロナ禍によりリモートワークが普及する中、ワーケーションは今後も普及していくと思われ、リゾートホテルにとって需要拡大の機会といえます。需要の曜日波動が大きいリゾートホテルにとっては、平日利用の拡大により稼働の平準化にもつながります。需要獲得のためには、ワーケーションに対応したIT環境の整備はもちろんのこと、ワーキングスペースの整備や機能の充実、連泊客に飽きさせない柔軟な食事対応など受け入れ環境の整備が不可欠です。また、同行する家族も楽しめる体験プログラムやアクティビティを充実させることも重要です。滞在の楽しみのバリエーションが多いほどゲストの滞在時間も長くなり、地域経済への貢献も増します。

　コロナ禍の中で、星野リゾートの星野佳路氏により「マイクロツーリズム」が提唱され、近場観光への関心が高まりました。近距離圏の観光客は移動時間やコストの面からも今後リピーター、ヘビーユーザーとなる可能性が高く、リゾートホテルにとって潜在顧客であり、まだ開拓の余地があるといえます。今後も、パンデミックや天災等の発生により、広域からの集客が困難となって一時的に需要が激減する場合もあり得ます。その備えとしても、近距離圏内の潜在客へのアプローチや顧客づくりの取り組みは重要です。

ビジネスホテル延べ宿泊者数、客室稼働率

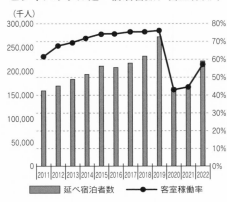

ビジネスホテル延べ宿泊者数、客室稼働率
（2022年～2023年、月別）

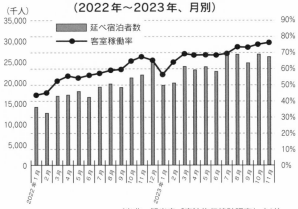

（出典：観光庁「宿泊旅行統計調査」より）

現状

　ビジネスホテルは、主にビジネス客をターゲットに低価格を強みとした宿泊特化型のホテルとして、1990年代末頃から多くのホテルチェーンが参入し、市場が急激に拡大しました。

　ビジネスホテルは、シティホテルとは異なり収益性の高い宿泊に特化し、徹底して初期投資を抑え、省力化のシステム導入や業務の標準化によるローコスト運営により、低廉な料金を実現することで競争力を高めてきました。国内旅行客に加え訪日外国人客などの宿泊需要の拡大を受けて、宿泊者数は年々増加しホテル数も増加しました。これまで安さを売りに画一的なサービスを提供してきたビジネスホテルも、昨今の建設費の上昇や物価高騰の影響を受けて、価格訴求による戦略が打ちにくくなっています。加えて、競争の激化により、大手チェーンを中心に朝食の充実化や大浴場の設置、快眠性の追求など、独自性を打ち出したサービスを提供することにより、差別化とともに宿泊単価のアップを図っています。

　コロナ禍で業績を悪化させ営業終了となるホテルがあった一方で、大手チェーンはこうした業績不振のホテルをフランチャイズ等で傘下に収めることや、不動産の取得や賃貸条件が有利になることでの新設ラッシュにより、むしろコロナ禍を機に棟数を拡大してきました。

　今後の中長期的な視点では、コロナ禍をきっかけとしたオンラインによる会議や商談が定着する中、出張旅行の機会減少によるビジネス需要の落ち着きは今後とも継続すると思われます。ビジネス需要は落ち着いたとはいえ、平日を中心に安定的に獲得できリピート率の高いビジネス客の需要を着実に獲得することに加え、国内レジャー客や訪日外国人客の獲得など、ビジネス客以外の利用客の獲得が重要となっています。

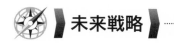

未来戦略

　現在、ビジネスホテル、あるいは宿泊特化型ホテルは2つの動きが顕著となっています。ひとつは、コロナ禍を契機に普及拡大した非対面・非接触やIT・デジタル化による「省略化」や効率化の動きです。もうひとつが、インバウンドの増加による宿泊需要の拡大を受けて、ますます増加したホテル間での競争激化、建設費や客室清掃、寝具のリネン費などの高騰の影響を受けての差別化や「高付加価値化」の動きです。この「省力化」と「高付加価値化」という、一見相反する2つの動きの中で、自ホテルでは何を売りにし、何にこだわるかが非常に重要となっています。

　「省力化」については、IT・デジタル化の進展で専用アプリを使用した予約やチェックイン・アウトの手続きのほか、館内施設の案内、朝食会場や大浴場の混雑状況がリアルタイムで確認でき、スマートフォンをルームキーにすることも可能となっています。スマートフォンひとつでチェックインからチェックアウトまでの一連のサービスが完結し、シンプルなサービスを求めるビジネス客にとっては利便性、ホテル側にとっては省力化を同時に果たせます。こうしたシステムは、パッケージ化が進み、単独のホテルでも一定の使用料を支払うことで手軽に導入することが可能となっています。

　「高付加価値化」については、大浴場や朝食の充実、会員特典の提供など各社とも力を入れており、さらには一歩前進し、例えば、「話題になるほど」の独自性をもったサービスや朝食といった、よりインパクトのあるサービスが重要となっています。

　こうした中、大手チェーンと比べ資金力が不足し、施設競争力向上のための設備投資が難しい独立系の小規模ホテルの戦略としては、むしろ、ビジネスホテルのレベルを超えたホスピタリティあふれる接客サービスや、わざわざ手間をかけて手作り感を打ち出した充実した朝食など、ソフト面で充実を図るほうがリスクも少なく現実的といえます。また、接客や朝食などソフト面の充実を求めるレジャー客の獲得にもつながります。滞在の締めくくりとして全体の満足度に大きな影響を与える朝食の充実については、品数は少なくても地元食材をふんだんに使った出来立ての地元料理を提供すればより訴求力が高まります。また、接客面ではお出迎えからお見送りまでの顧客との接点を大切にし、あえて人によるサービスを行い、人のサービスにより付加価値を高め差別化していく方法もあります。非接触・省力化、業務の標準化が進む流れの中で、あえて逆転の発想により希少性を打ち出すことは、小規模ホテルが生き残るひとつの術といえます。また、近隣のイベントやスタッフのお勧めの店の案内など細やかな心づかいが随所に感じられるホテルは、ハードの良さよりも強いインパクトを与え固定客化へとつながります。特に小規模ホテルでは、こうしたおもてなしにより顧客との関係性を深め、大手が模倣しにくいサービスを追求していく方向性は、未来戦略として重要です。

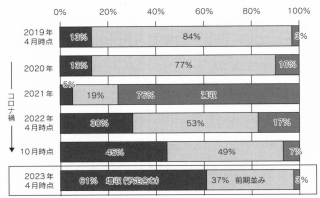

旅館・ホテル業界 調査時点別業況

[注] 2019年〜22年までは「4月時点」

（出典：株式会社帝国データバンク 「『旅館・ホテル業界』動向調査」より）

旅館・ホテル業界の人手不足割合

	正社員	非正規 （パート・ アルバイト・派遣）
2021年 9月	28.3%	13.6%
2022年 9月	62.5%	62.3%
2023年 4月	75.5%	78.0%

[出典] 人手不足に対する企業の動向調査（2023年4月）

現状

　日本人の温泉旅館の利用増大に合わせて全国各地で増加した旅館は、1980年頃をピークに施設数は年々減少するとともに、市場規模も縮小してきました。その要因は、ひとつには旅行需要が団体から個人へとシフトする中でのニーズの変化に対応してこなかったことによるものです。

　特に大型旅館では、効率性を追求する余り食事時間や料理内容が限定されるなどの画一的なサービスが敬遠され、宿泊客がホテルへ流出しました。また、集客面では旅行代理店からの送客に大きく依存していたため、予約方法が旅行代理店からインターネット予約へとシフトする中、自力での集客のノウハウが無く、販売促進を効果的に行えなかったことも大きな要因です。加えて、バブル期の過剰投資による多額の負債負担や「改正耐震改修促進法」対応のための投資ができない旅館が廃業を余儀なくされるなど、多くの旅館が倒産・廃業し、かつては風情があり華やかであった多くの温泉街も衰退しています。

　そのような中で、特に資本力の脆弱な中小規模の旅館の多くは、新型コロナウイルスの感染拡大による宿泊客の減少を受け、より一層厳しい経営状況に追い込まれていきましたが、帝国データバンクの調査によると、2023年に入り、国内旅行客の回復に加えてインバウンド需要も増加し、旅館業界の業績回復に強い追い風が吹いています。一方で、コロナ禍において旅館業界より人材が流出してしまい、増加するニーズに対応するための人的リソースが足りず、人手不足による稼働率の低下により、思うように業績回復を行えない事業者も出始めています。

　かつての旅籠を始まりとする日本旅館は、幅広い顧客に対しさまざまなサービスを提供するホテルとは違い、顧客層をある程度絞り、旅館の主人や女将が持つ独自のホスピタリティの提供により支持を得てきました。女将や仲居を中心とした日本式のホスピタリティこそが旅館の最大の強みであり独自性です。旅館業法の改正により多種多様な宿泊施設が出現している中、旅館特有のホスピタリティに磨きをかけ、付加価値の高い独自性を発揮していくことが重要です。

　女将、浴衣、温泉、畳など旅館特有の文化や1泊2食付きのスタイルは日本旅館特有の特徴であり、日本の伝統文化そのものといっても過言ではありません。日常生活から日本の伝統文化が薄れていく現代において、改めてその良さを見直そうというニーズも高まっています。旅館が持つ日本流のおもてなしを、柔軟さも兼ね備えたうえで提供していくことが重要です。併せて、提供する商品の中で地方特有の伝統芸能や伝統工芸の良さを積極的に発信していくことも重要です。アフターコロナにおいて急回復する訪日客に対しても、リピーター化や旅行の嗜好が成熟化する中で、日本の伝統文化やおもてなしなど「本当の日本」を求めるニーズがあり、旅館は大変魅力的であるといえます。旅館特有のおもてなしや地方が持つ魅力を一層磨き上げ、「旅館こそ本当の日本である」ことを実感してもらうことが今後も重要となります。

　また、ホテルと比べ規模や資本力で劣る旅館は、1軒の旅館だけの集客力では限界があります。これまで大型旅館では、館内にさまざまな娯楽施設をつくり宿泊客を囲い込み、周辺施設の需要をも取り込んだことで旅館街の衰退を招きました。今後は、地域との共生や地域内他施設との連携による旅全体の付加価値向上が求められます。地域との共生では、地域の観光資源を活用した体験プログラム等を積極的に造成し提案していくこと。地域内他施設との連携では、個々の旅館の弱みを補完し合いながら、地域全体で旅の価値向上を図ります。例えば、1泊目は自旅館で食事と宿泊、入浴は別旅館、2日目は入浴を自旅館、食事や体験、買物は温泉街で、といったように地域全体で旅の価値を上げることで自旅館の集客力も向上させることが可能です。

　最後に、日本旅館は未だ家族経営が多く運営も非効率となっているうえに、多額の負債を抱えたまま投資ができず施設が老朽化し、廃業に追い込まれるという悪循環に陥っています。今後はホテルと同様に、M&Aなどにより組織再編を行い、所有と運営を分離し、旅館運営会社は運営に特化していく仕組みを行うとともに、地方への移住を希望し意欲のある若者への事業承継を積極的に進めていく必要があります。

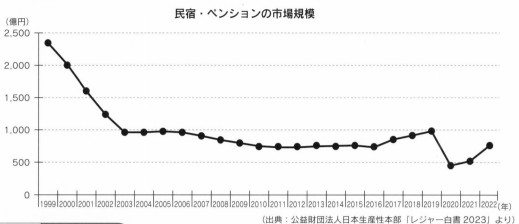

民宿・ペンションの市場規模

（出典：公益財団法人日本生産性本部「レジャー白書2023」より）

現状

　民宿は一般の民家が営む簡易的な宿泊施設であり、旅館やホテルに比べて規模は小さく、家族経営が中心です。農業や漁業との兼業が多いことから、自家製の野菜や自ら漁をした魚介類を提供する民宿も多数あり、食事付きで比較的安価な価格設定となっています。

　一方、ペンションも民宿と同様、規模の小さな宿泊施設ですが、民宿が和風の建物であるのに対して、ペンションはリゾート地に多く、洋風建物でおしゃれに個性を打ち出すペンションも多いのが特徴です。

　民宿・ペンションは昭和の経済成長とともに発展しましたが、両者を合わせた市場規模は1993年の3,310億円をピークに減少が続いています。その要因は、旅行需要の多様化に加え、ホテルや旅館等との比較において価格面の優位性が低下したことや、地方にも多くのホテルが開業し相対的な魅力が低下したことなどが挙げられます。2017年以降は訪日外国人の増加により再び拡大しましたが、2020〜2022年にかけてのコロナ禍で市場規模は大きく縮小しました。2022年は770億円、前年対比151.0％と回復基調が見られたものの、コロナ禍前の2019年比で77.8％に留まり、ホテルの市場の回復（2019年比89.4％、「レジャー白書2023」より）に比べ、低くなっています。

　民宿については、コロナ禍前から、訪日外国人の増加とリピーター化による旅行先の地方へのシフトを受け、訪日客を積極的に受け入れた民宿や従来の民宿のイメージを払拭した個性を持ち、旅館並みの品質を持ったユニークな民宿も数多く出現しました。今後においても、単なる低価格志向だけではない、民宿・ペンションならではの、より特色を持った独自の戦略的運営が必要となっています。

　今後、民宿・ペンションが生き残りをかけ、他のジャンルの宿泊施設と明確に差別化していくための戦略は、民宿・ペンションならではの独自性の発揮による魅力の向上です。規模の小さい民宿・ペンションは、マスをターゲットとし万人受けするサービスを提供する必要はなく、その磨き上げた独自性を支持する顧客をターゲットにアプローチしていく「ニッチ戦略」がより効果的です。

　ホテルや旅館とは異なる民宿・ペンションの最大の魅力は、時には主客同席しての団欒など家庭的なおもてなしを味わえることにあります。オーナーの個性を存分に発揮し、利用客とのコミュニケーションを通じて利用客一人ひとりと親密な関係性を築くことは、規模が小さいからこそできる最大の強みです。この強みを活かして宿の個性を磨き、オーナーが思い描く独自のおもてなしを提供することにより、利用客に強い印象と共感を抱いてもらうことができます。バイクや釣り、サイクリングなどオーナー自らの嗜好や趣味等を前面に出し個性を発揮することも有効です。また、オーナーがお勧めする、地元住民だけが知る穴場スポットやその土地ならではの体験などを利用客に提供していくことも、宿の独自性や魅力を高める効果的な方法です。オーナー自らが現地を案内し地元との交流の機会を設ければ、宿泊客にとって、より大きな旅の思い出となります。

　また、民宿・ペンションではハードの優位性が低い分、料理が利用客の満足度に大きな影響を与えます。一般的に家族経営が基本であるため、調理スタッフの人件費を抑制できる分、料理に高いコストパフォーマンスを実現でき、利用客もそれを期待しています。さらに、オーナーが地元と親密な関係を築くことで独自の食材仕入先を開拓し、市場では入手困難な希少食材や採れたての新鮮な食材を地元ならではの調理方法で提供するなどの独自性、魅力の創出が不可欠です。

　ホテルや旅館に比べ、スケールメリットや資金面で不利な民宿・ペンションの集客策については、ホームページやブログ、インスタグラムなどのSNSを最大限活用していくことが最も有効です。オーナーやスタッフのプロフィール、趣味やこだわり、宿の特徴、宿に来て味わえる体験など、宿の特徴や魅力をSNSで最大限にアピールしていくべきです。口コミ評価を高めるため、満足いただいた利用客にSNS上で積極的に投稿してもらうなどの仕掛けづくりも集客には不可欠です。

　併せてリピーターの確保も非常に重要です。利用客に地元ならではの季節の食事メニューや地元のイベントを紹介した「季節の便り」などをオーナー自身のメッセージとともに、定期的にメールやDMで送付することにより、再利用の需要を喚起することが必要です。ブログやインスタグラム等をフォローしてもらい、SNSを通じた季節毎の情報の発信やSNS上でのコミュニティづくりも有効です。単なる宿泊履歴の管理だけでなく、趣味嗜好やどんな会話をしたかなど顧客情報をしっかり管理し、第二の我が家のような親密な関係性を築き、固定客をつくっていくことが重要です。

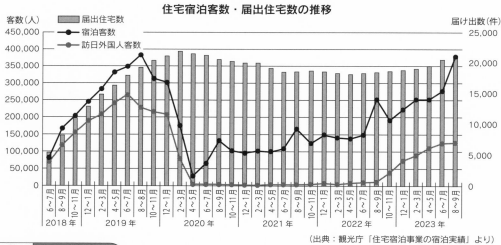

住宅宿泊客数・届出住宅数の推移

（出典：観光庁「住宅宿泊事業の宿泊実績」より）

現　状

　民泊とは、個人の住宅を宿泊施設として提供するサービスです。かつては、農村などの民家に宿泊する「農村民泊」や国体や博覧会等で一時的な需要の増加に対応して営業する「イベント民泊」などが一般的でしたが、訪日外国人客の急激な増加に伴う都市部での宿泊施設の不足に加え、民泊予約サイトが急速に普及したことにより、現在は自宅の空き部屋や別荘などを有償で貸し出す民泊スタイルが一般的となっています。

　一方で、都市部において無許可で宿泊営業を営む違法民泊や地域住民とのトラブルが発生し、利用者が安心して宿泊できない環境が見られたことから、2018年6月15日に「住宅宿泊事業法」（民泊新法）と「改正旅館業法」が施行されました。これらにより、ホテルや簡易宿所の営業の設備要件が緩和され、民泊を継続的に行う場合は旅館業法に則った許可を得ることを基本とする一方、住宅の空き部屋等を利用した民泊については、原則として営業日数は年間180日という制限（特区を除く）が設定されました。上掲のグラフのとおり、2018年から2019年にかけて、民泊は主に訪日外国人客の観光需要を取り込んで増加してきました。長引くコロナ禍の影響により、住宅宿泊の届出住宅数、宿泊客数とも訪日外国人客数の減少とともに減少したものの、新型コロナウイルス感染症の第5類移行と2022年10月の入国制限の緩和等により、宿泊者数はコロナ禍以前の水準まで急回復しています。

　これまで宿泊施設の不足により成長してきた民泊ですが、宿泊需要の回復とともに宿泊特化型ホテルを中心に新規ホテルが相次いでいることから、安価であること以外での民泊の独自性や魅力づくりが重要となっています。

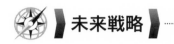

未来戦略

　今後、訪日外国人客の増加に加え、訪日客のリピート化や旅行スタイルの多様化に伴う、長期滞在やファミリー利用の増加によって、ホテル等に比べて手軽に利用できる民泊の需要は拡大していくと思われます。今後の民泊ビジネスの未来戦略について都市部と地方に分けて述べます。

　まず都市部では、訪日外国人の長期滞在やファミリー利用において、キッチンやランドリーを備えた少し広めでゆったりとした空間で過ごしたいというニーズが多く、ホテルに比べ比較的安価に宿泊できる施設への魅力は高いといえます。こうした滞在客に必要な基本設備をしっかり備え、ポータルサイトにわかりやすく掲載することで、一定の集客が図れるとともに満足を得ることが可能です。加えて、民泊の良さは日本の家屋に住むように宿泊することで日本の生活文化を実体験できることです。長期間滞在が多い民泊利用者は、地元の商店街や飲食店、銭湯などを利用することによる地域経済の活性化が期待できるため、街を回遊して地域の日常や本物の生活に触れ、そこで出会う地域住民とのふれあいや体験の楽しみを付加価値にしていくという視点が必要です。訪日外国人に対しては、宿泊者の回遊を促すため、多言語のガイドマップを制作し配布したり、SNSで商店街や飲食店、銭湯などの情報を積極的に発信することが必要です。

　次に、地方においては人口流出や高齢化により空き家問題が深刻化している中、民泊は日本が抱える課題のひとつ「空き家問題」を解消し、地方創生を実現する切り札となり得ます。リモートワークの普及に伴い地方へ移住する若者が増えている一方で、移住をしたものの生活習慣や近隣住民との関係に馴染めず都市部に戻る若者が多い実態もあります。また、完全な地方への移住だけでなく、地方と都市部で複数の生活拠点を構えるスタイルが拡大する可能性もあります。そこで、自治体等の運営により空き家を民泊として活用し、若者が地方移住や別の生活拠点を検討する際のトライアル的な滞在の場として提供していくことも、重要な活用方法といえます。

　地方における民泊として注目すべきは「農泊」です。「農泊」とは、農山漁村において日本ならではの伝統的な田舎の生活体験と農村地域の人々との交流を楽しみ、農家民宿や古民家などに滞在する宿泊旅行です。都会での暮らしに疲れた若者が田舎での非日常体験を求めるニーズが高まっています。農山漁村における自然や風景、食、生活そのものがかけがえのない資源、価値であり、そこに住む住民との交流は貴重な体験です。短期滞在型で農家等の従事者と一緒に暮らす農業等の体験は、農業の楽しみとともに地域住民の温かさを味わう機会の創出にもなります。体験教育旅行などの受け入れ経験がある農家のほうが、後継者がいる割合が高いというデータもあります。過疎化や高齢化に悩む農山漁村地域にとって、農泊が若者の地方への移住を呼び込むきっかけになります。

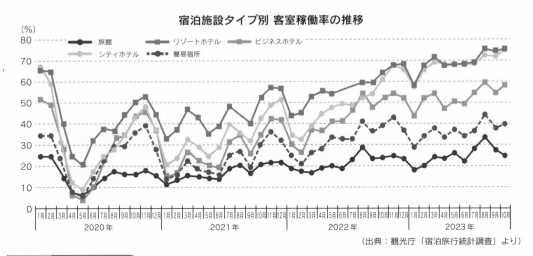

宿泊施設タイプ別 客室稼働率の推移

（出典：観光庁「宿泊旅行統計調査」より）

![現状]

　ゲストハウスは、旅館業法上で簡易宿所（宿泊する場所を多数人で共用する構造および設備を主とする施設）に分類され、ドミトリー（相部屋）や2〜4名のグループで利用できる客室のほか、キッチンや浴室などの共用スペースをシェアする宿泊施設として、本稿では取り扱います。

　ゲストハウスの特徴は、プライベート性の高いホテルや旅館などとは異なり、初対面の宿泊者同士や宿のスタッフ、地域の人々などの繋がりを重視した共用空間があることです。宿泊料は1泊当たり2,000円台〜4,000円程度と安価なことが魅力で、大きなリュックで世界を旅するバックパッカーの利用が多く、近年インバウンドの増加とともに施設数、利用者数とも急増しました。

　新型コロナウイルスの感染拡大を受けて、ゲストハウスは海外からの入国制限により外国人旅行客が激減しました。特にゲストハウスでは、感染の懸念から不特定多数の利用客が利用できる共有スペースが回避されたことや、政府が実施する全国旅行支援では高単価帯の宿泊施設が選択される傾向にあったことなどから、ゲストハウスを含む簡易宿所は上掲のグラフのとおり、他のホテルや旅館などと比べ、コロナ禍からの需要の回復が遅れていました。

　新型コロナウイルス感染症が第5類に移行し、ゲストハウスにとって大きな顧客であったインバウンドの需要がようやく回復し追い風となっているものの、中長期的な成長のためにはゲストハウスの特性を踏まえた独自の魅力づくりとともに、ホテルや旅館等の他の宿泊施設との明確な差別化がより重要となっています。

未来戦略

　ゲストハウスビジネスの未来戦略は、ホテルや旅館など他の宿泊施設にはない、ゲストハウスが持つ独自の魅力や付加価値をどう創出するかにかかっているといっても過言ではありません。その戦略のキーワードは「交流」と「コンセプト」です。

　一般的に安価で宿泊できるゲストハウスは、バックパッカーなどコストを抑えて泊まりたい旅行客には根強い人気があり、外国人客だけでなく国内客においても今後も一定の需要は見込まれます。ゲストハウスの利用客は人との関わりを求めて利用する客も多いといえます。ゲストハウスが持つ強みや差別化のポイントは、ドミトリーやラウンジなどの交流の場があることであり、ホテルや旅館にはない人との交流や繋がりといった魅力こそがゲストハウスが持つ付加価値となります。

　具体的には、ラウンジなど旅行者同士が交流を深める共用スペースを使って、地域の食文化体験や地元の祭事への参加などを体験できるイベントを積極的に企画することで、そこでしかできない体験を強みにすることも可能です。特にコロナ禍を経て、リアルの交流の良さが改めて見直されています。また、訪日外国人旅行者ニーズの成熟化に伴い、地域住民との交流への関心も高まっています。宿泊施設は旅の拠点であり、地域との繋がりの起点でもあります。共用ラウンジを地域の住民の方にも開放し、地域の住民などとの交流の場として提供することで、地域と連携してゲストの満足度を上げることも可能です。地元の人と時を一緒に過ごし、地域の人との思い出をともにつくり、地域の人と友達になる、といった機会を創出できることがゲストハウスの強みです。

　そして、自らのゲストハウスの「コンセプト」を明確にすることが重要です。コンセプトづくりにあたっては、オーナーの強いこだわりや想いがあるほどユニークな宿となり、オーナーの想いや理念に共感して、同じ想いに共感したゲストが訪れます。そして共感したゲストからコミュニティが生まれ、人と人との「交流」が生じ、自ずとその輪が拡散していく好循環が生まれていきます。そこで生まれる、オーナーとの語らいや同宿者同士での語らいと共感が、最終的には旅の満足度を高める重要なファクターになっていきます。コンセプトを明確にして、共感する人で溢れるようにすることは、ゲストハウスにとっては必須の戦略といえます。

　オーナー自らが周辺の居酒屋や温泉、観光地まで付き添って案内してくれる、旅好きなオーナーが旅の面白さを教えてくれるなど、オーナー自身のホスピタリティも重要であり、また、野菜を収穫できて料理してもらえる、ハンモックで寝られる庭がある、本がたくさんあって部屋で読めるなど、旅ならではの体験を強みにすることが重要なポイントになります。

　ゲストハウスはこうした交流を通じた旅本来の醍醐味や魅力を提供する、重要な役割を果たすことができます。

2-8 歴史的建造物等を活用した宿泊ビジネスの現状と未来戦略

歴史的建造物等を活用した宿泊施設例		
宿泊施設	**場所**	**内容**
大洲城	愛媛県大洲市	天守閣に貸し切り宿泊。朝夕の食事、体験プログラム付きのプラン（2名1泊132万円）。
平戸城	長崎県平戸市	平戸城の懐柔櫓を常設の宿泊施設に改修。朝夕の食事や夜間の天守閣貸し切りなどのプラン。1日1組限定 66万円など
三井寺	滋賀県大津市	境内の僧坊を改装。非公開の建物見学、客殿を僧侶の案内で特別拝観、宿泊者独占での座禅体験、本物の装束を着ての山伏体験など特別な体験。1泊1室30万円〜（1棟貸し）
仁和寺	京都府京都市	世界遺産の境内施設を改修。雅楽、和歌等の文化体験をリクエストに応じて実施。1泊1室110万円（1棟貸し）
旧奈良監獄	奈良県奈良市	旧監獄の保存・活用事業として、星野リゾートが上質な宿泊施設「星のや」として2026年春に開業予定。

（各社ホームページにより観光ビジネス研究会作成）

現状

　2018年6月に旅館業法が改正され、1施設当たりの最低客室数や床面積、トイレ・洗面設備数などに関する数値基準が撤廃もしくは緩和され、一定要件を満たせばフロントの設置も不要となりました。これにより、点在する複数の客室棟からなる「分散型ホテル」が誕生しています。そのモデルは、1970年代にイタリアで発祥し広がった「アルベルゴ・ディフーゾ」（分散型の宿）といわれています。誕生の背景としては、旅館業法改正による規制緩和のほか、旅行客のニーズの多様化・成熟化への対応と他の宿泊施設との差別化、古民家等の有効活用による地域の伝統ある建築物の保存と投資の抑制などが挙げられます。分散型ホテルは空き家となった古民家の有効活用や景観の保存につながることに加え、宿泊客に移動の意味付けを持たせ街を回遊させることで、域内消費の促進とともに新しい価値を提供できる可能性を持っています。

　また、寺や城、刑務所跡などの歴史的建造物等を活用したユニークな宿泊施設も誕生しています。観光庁は2021年に「城泊・寺泊による歴史的資源の活用事業」として、全国に点在する城や社寺を日本ならではの文化が体験できる宿泊施設として活用する取り組みに対して専門家派遣および初動支援、事業者フォローアップ調査等の支援も行っています。実際、愛媛県大洲城天守での「城泊」では、殿様気分を味わえるさまざまな体験が付いて2名1泊132万円（朝・夕食付）で販売しています。単なる宿泊施設としての活用だけでなく付加価値を高めるために、地域ならではの郷土料理や伝統芸能、歴史的建造物にちなんだ体験など、宿泊に付随したコンテンツの充実も進んでいます。

　国内外を問わず観光客の地方への関心が高まる中、地方では新たな観光客の受け皿として、こうした歴史的建造物等を活用した多種多様な宿泊施設がますます誕生すると思われます。

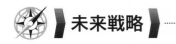

　人口減少に加え、コロナ禍によりますます疲弊した地方経済の活性化に向け、地域が持つ個性や価値、魅力の磨き上げを行っていく必要があります。そのために、地域にある「歴史的建造物等の活用」という視点に加え、旅館業法改正に伴い誕生した「分散型ホテルの持つ可能性」という2つの視点から、歴史的建造物等を活用した宿泊ビジネスの未来戦略について述べていきます。

　まず、「歴史的建造物等の活用」という視点では、特に地方には、古民家はもちろん、郵便局や駅舎、小学校、役所など未活用となった有形価値の高い施設がたくさん存在します。地域にあるこうした建造物を宿泊施設として活用することで、投資コストの軽減とともに滞在による域内消費の促進にもつなげることができます。ただし、単に古い珍しい建物という提供価値だけでなく、歴史的建造物としての価値を損ねず、むしろ歴史・文化的価値を引き立たせる改装の工夫が必要です。地域全体への理解を深めてもらうために、建物が地域の中で果たしてきた歴史的役割などを紹介し、地域の歴史・文化を体験するアクティビティなどを提供していくことも重要です。

　次に「分散型ホテルの持つ可能性」としては、地元と連携して高い付加価値を提供できることです。分散型ホテルはホテルや旅館と比べ効率面で劣るため、高い付加価値の提供により高単価戦略を目指す必要があります。古民家等の活用では、古民家に泊まるという非日常を味わえる魅力のほかに、特に外国人富裕層や国内の旅慣れた中高年層からは、土地に息づく伝統、文化、精神など本物を感じたいというニーズがあります。こうしたニーズから、土地の伝統文化に根差したしつらえや地元産品を活かした内装やインテリアなどにすることで、地元産品の良さを宿泊客に知ってもらい購買につなげていくことも可能です。また、伝統工芸の体験プログラムなどの提供により、地域の伝統工芸の認知度アップとともに、技術継承にもつながり好循環も生まれます。

　また、施設単体での提供価値には自ずと限界があるため、地元との連携による価値の提供も欠かせません。例として、株式会社NOTEが手掛けた「篠山城下町ホテルNIPPONIA」（兵庫県）は、街に複数の宿泊棟のほか、空き家となった古民家を活用してカフェやレストラン、工房、ギャラリーなどを展開し街全体をひとつのホテルと見立て、回遊する楽しみを価値として提供しています。街を回遊する中で地域の本物の生活・文化に触れることができ、そこで生まれる住民との交流、発見などを魅力として提供することでさらに高い価値となります。日常の田舎の風景や地元住民との偶発的なふれあいこそが、旅行客にとっての驚きや感動を呼ぶ付加価値につながるからです。こうした宿泊施設がその街の歴史文化、日常の暮らしなどを深く味わってもらう媒介者として、スタッフはもちろん、地域住民とゲストの交流を促すことで、今後地方の着地型観光を推進していく立役者にもなることができます。

第**2**章

観光ビジネス(63分野)の現状と未来戦略

第**3**節

旅客輸送サービスビジネス

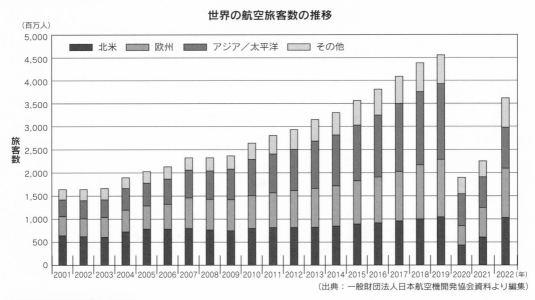

世界の航空旅客数の推移

（出典：一般財団法人日本航空機開発協会資料より編集）

現　状

　2019年までの世界の航空旅客数は増加傾向にありましたが、2020年1月から世界中で拡大した新型コロナウイルス感染症とその水際対策としての渡航制限などを引き金に、世界の航空旅客数は激減しました。しかし、2021年は反転し、2022年は国際航空運送協会（IATA）発表の世界航空旅客数（有償旅客キロ）で前年比70.3％増加しました。世界の航空需要は力強い回復を見せ、総旅客数は前年比67.9％増となり、感染拡大前の2019年比で19.0％減、つまり8割を超えるところまで回復しています。今後、アジア太平洋市場がさらに回復していけば、世界的な旅客需要の回復は新たに勢いを増すことが想定されます。一方で、物価や金利の上昇、パイロット不足、燃料費の高騰、ロシアのウクライナ侵攻を始めとする地政学的リスクなどで、航空需要に陰りが見え始める可能性もあります。

　本邦航空運送事業者による国際輸送実績は、2022年度は旅客数で951万人、対前年度比440.1％増と大幅に回復しました。国内大手2社の2022年度国際旅客売上高は、JALが4,175億円（前期比607.0％増）、ANAが4,334億円（同518.2％増）となりました。JALは旅客収入について、国際線はアジア路線の回復遅れなどでコロナ前の7割、国内線はコロナ前の9割まで回復したと発表しました。国際線においては、ロシアのウクライナ侵攻や中東情勢など地政学的リスクなどの影響を受けていますので、引き続き注意が必要です。

✦ 未来戦略

IATAは2023年の世界の航空需要が、2022年比で約1割増の43億人になる見通しを発表しています。新型コロナウイルス感染症拡大前の約96%水準まで回復する見通しです。コロナ変異ウイルスの拡大で出入国制限の緩和が遅れ、国際線を中心に回復がずれ込んでいましたが、欧米を中心に入国制限の緩和が進み、従来予想よりも回復が早まっています。2023年には、世界の航空会社の損益の合計が黒字化する見込みになっています。とはいえ、アジア太平洋地域は、まだ他の地域に遅れをとっている状況です。中国の渡航規制の継続が地域全体の回復を妨げていたのは否めない状況でしたが、直近では渡航規制の緩和効果が発現しています。一方、ロシアのウクライナ侵攻により、ロシア領空の飛行ができないため、日本の航空路線はアラスカ経由の「北回り」、アジア経由の「南回り」となり、パイロットの増員、コスト高、時間効率の悪さが重い負担となっています。また、需要が回復した後も、次なる感染症に備えた対策も必要です。

日本の国際航空ビジネスにおける大きなパラダイムシフトは、コロナ禍がなければ東京オリンピック・パラリンピックを契機に需要が高まったであろう羽田空港の再国際化です。国土交通省が2020年3月に羽田空港国際線の増便（1日50便）を発表したことで、羽田空港はビジネス客などの取り込みに向け、本格的な国際空港としての基盤が固まりました。羽田空港は都心からのアクセスが良好なだけでなく、国内線から国際線への乗り継ぎの利便性も高まります。東京オリンピックを契機に整備が完了し、現在は、国内線で羽田空港を経由して国際線に乗り継ぐ流れが実際に機能しています。いわゆる羽田国際空港のハブ化と国内地方航空路線のスポーク機能化が実現しています。これは、羽田を経由しての地方都市へのインバウンドの受け入れにも大きくプラスに作用します。一方の成田空港はLCCなどの利用を増やし、羽田との棲み分けを図ることで、日本国内に世界からの幅広い航空需要を取り込めます。

国際航空ビジネスの未来戦略においては、グローバル・ビジネスの進展、世界からの訪日外国人旅行者の日本志向の拡大が長期的に期待できます。フルサービスキャリアでは需要創出の重点地域を絞って富裕層の個室化の流れを取り込み、LCCでは成田空港拠点のサービス戦略を展開するなども考えられます。そして、地政学的リスクや感染症の拡大もリスク管理の重点対象に据え、人材や保有機体など固定費を変動費化することや、事業ポートフォーリオを見直し、新しいビジネスモデルを模索していく時期に来ています。

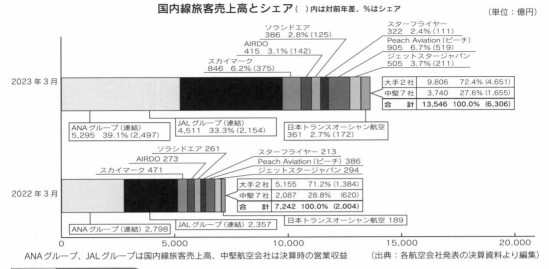

国内線旅客売上高とシェア（ ）内は対前年差、%はシェア (単位：億円)

ソラシドエア 386 2.8% (125)
スターフライヤー 322 2.4% (111)
AIRDO 415 3.1% (142)
Peach Aviation（ピーチ）905 6.7% (519)
スカイマーク 846 6.2% (375)
ジェットスタージャパン 505 3.7% (211)

2023年3月

大手2社	9,806	72.4%	(4,651)
中堅7社	3,740	27.6%	(1,655)
合　計	13,546	100.0%	(6,306)

ANAグループ（連結）5,295 39.1% (2,497)
JALグループ（連結）4,511 33.3% (2,154)
日本トランスオーシャン航空 361 2.7% (172)

ソラシドエア 261
AIRDO 273
Peach Aviation（ピーチ）386
スターフライヤー 213
スカイマーク 471
ジェットスタージャパン 294

2022年3月

大手2社	5,155	71.2%	(1,384)
中堅7社	2,087	28.8%	(620)
合　計	7,242	100.0%	(2,004)

ANAグループ（連結）2,798
JALグループ（連結）2,357
日本トランスオーシャン航空 189

ANAグループ、JALグループは国内線旅客売上高、中堅航空会社は決算時の営業収益　　（出典：各航空会社発表の決算資料より編集）

現　状

　国土交通省の航空輸送統計によると、2022年度における国内定期航空輸送の旅客数は、幹線が3,942万人で対前年度比78.7%増、ローカル線が5,124万人で同85.4%増、全体として9,066万人で同82.4%増でした。2012年以降は幹線・ローカル線ともに増加傾向にありましたが、2020年はコロナ禍の影響で大きく落ち込み、2021年度以降は回復傾向にあります。「幹線」とは、新千歳、東京（羽田）、成田、大阪（伊丹）、関西、福岡、那覇の各空港を相互に結ぶ路線を指し、「ローカル線」とは、これ以外の各路線を指します。

　国内航空市場の売上高シェアはJALとANAの大手2社で約7割以上を占めていますが、回復の状況もビジネス需要の割合が大きい大手のほうが、若干戻りが早いようです。2023年3月期は、それまでの大手2社のシェア低下傾向から逆転し、結果的に大手2社のシェアは中堅7社のシェアより増加率が大きくなりました。ソラシドエアとAIRDOは2022年10月に共同持ち株会社を設立し、経営統合をしています。また、スカイマークは、2022年12月に8年ぶりに再上場し、成長路線を目指しています。

　コロナ禍の影響については、国土交通省によると航空需要は過去に例を見ない規模で大幅な減少があり、航空・空港関連企業は極めて厳しい経営状況になりました。しかし、厳しい状況の中にあって航空各社は従業員の出向、収益確保ための貨物輸送、新規事業など航空ネットワークを維持すべく懸命に努力した結果、リモートワークの普及などでビジネス需要はコロナ禍前には戻らないものの、2022年度の全輸送量はコロナ禍前の2019年度の9割まで回復しています。

　国内航空市場については、邦人のみの純粋な国内航空線需要は、生産年齢人口の減少や少子化の影響を受けて構造的に減少傾向となっています。したがって、国内航空ビジネスの未来戦略は、国際航空ビジネスとの連携を強め、海外の成長を日本国内に取り込むことにあります。首都圏空港を始めとする国際線需要の高い空港の機能強化を図りつつ、地方空港への乗り継ぎの利便性を向上させることが重要です。国際線の増便に伴い、羽田空港で国内線向けに使用していた第2旅客ターミナルビルを国際線にも活用するため、2020年3月14日からは「国際線ターミナル」の名称を「第3ターミナル」に変更しています。これにより、長期的なグローバル化に向けて国際線発着回数を大幅に増やすとともに、国際線から国内線への乗り継ぎの利便性が向上し、羽田空港から国内各地への需要が喚起されることになります。インバウンドの流れを、羽田空港を経由して地方に取り込む流れが実現できています。羽田空港のハブ化と地方空港へのスポーク型の展開に乗り継ぎ割引などのソフト面の施策を組み込むことで更なる進展力が期待されます。

　国内航空需要は、海外への渡航が制限される中、早いタイミングで回復しましたが、出張需要はオンラインなどのリモート会議が普及したことから完全には元には回復せずに従前より減少する可能性があると考えられます。一方、観光需要は全国旅行支援と相まってコロナ前を超えて増加することが期待できます。そのような状況を一過性の需要とせずに長期的な顧客との関係性を築く好機と捉えて戦略的に対応する視点が重要です。新型コロナ感染症対策で旅客の動きも団体行動から個人行動に変化する傾向が顕著であり、小グループや個人客をどのように取り込んでいくかが課題です。空路と陸路を観光MaaSなどで組み合わせて、着地側の2次交通やレンタカー手配、観光ルートの提案から予約・決済までもサポートできるようなことが実現すれば、その後の顧客との関係性が高まることが期待でき、リピート需要を生み出し優良顧客になるでしょう。

　邦人のみの国内航空市場については、構造的に減少傾向となっていることに加え、同業者間の競合・経営統合などの業界再編、異業種である新幹線や高速バスとの競合もあります。また、カーボンニュートラルの世界的動向から短距離国内線は廃止も検討されています。したがって、業界内における自社のポジショニングを再確認して、その存在意義・生存領域を見極め、顧客ターゲットを再設定する必要があります。そして、その再設定したターゲットとなる顧客の声を徹底的に拾い上げ、真に顧客本位のサービス提供に努め、選ばれる航空会社にならなければなりません。

　近時の例として、スターフライヤーは、2023年5月15日～6月13日の期間限定ですが、15万円で北九州⇔羽田間を事前予約で何度でも乗り放題の定額サービス（航空券のサブスクサービス）で、心理的距離を縮めたと話題を呼びました。

3-3　格安航空(LCC)ビジネスの現状と未来戦略

日本に就航している海外LCC						
	航空会社名	国籍	就航年月		航空会社名	国籍	就航年月
1	チェジュ航空	韓国	2009年3月	12	タイガーエア	台湾	2015年4月
2	エアプサン	韓国	2010年3月	13	エアソウル	韓国	2017年9月
3	イースター航空	韓国	2011年5月	14	ベトジェットエア	ベトナム	2018年1月
4	ジンエアー	韓国	2011年7月	15	タイ・ライオンエア	タイ	2017年2月
5	ティーウェイ航空	韓国	2011年12月	16	エアアジア	マレーシア	2013年4月
6	ジェットスター・アジア航空	シンガポール	2010年7月	17	ノックエア	タイ	2019年12月
7	スクート	シンガポール	2012年10月	18	中国西部航空	中国	2019年11月
8	春秋航空	中国	2010年7月	19	九元航空	中国	2019年12月
9	香港エキスプレス	香港	2013年11月	20	中国聯合航空	中国	2019年11月
10	ジェットスター航空	オーストラリア	2007年3月	21	ヴァージン・オーストラリア	オーストラリア	2020年3月
11	セブパシフィック航空	フィリピン	2008年11月	22	雲南祥鵬航空	中国	―

日本のLCC			
	航空会社名	就航年月	航路
1	ピーチ・アビエーション	2012年3月	国内線：関西～新千歳・釧路・仙台・新潟・松山・高知・福岡・長崎・宮崎・鹿児島・那覇・石垣、成田～関西・福岡・奄美・那覇、新千歳～仙台・福岡、那覇～福岡 国際線：関西～ソウル(仁川)・上海・台北・桃園・香港、羽田～ソウル(仁川)・台北・上海、新千歳～台北・ソウル(仁川)、那覇～ソウル(仁川)・香港・台北・バンコク・高雄
2	ジェットスター・ジャパン	2012年7月	国内線：成田～新千歳・庄内・関西・長崎・宮崎・那覇・宮古、中部～福岡・鹿児島・那覇、関西～那覇・高知・福岡・熊本・那覇・宮古 国際線：成田～ケアンズ・ゴールドコースト・台北・マニラ・上海、関西～台北・香港・ハノイ・クラーク・マニラ・ケアンズ・シンガポール
3	スプリング・ジャパン(春秋航空日本)	2014年8月	国内線：成田～新千歳・広島・佐賀 国際線：成田～重慶・武漢、羽田～上海、関西～武漢・長春・重慶・福州・淮安・蘭州・青島・上海・天津・西安・揚州、名古屋～常州・貴陽・ハルビン・合肥・フフホト・寧波・上海・石家荘・銀川、茨城～上海、高松～上海、佐賀～上海
4	ZIP AIR (ジップエアー)	2000年8月	国際線：成田～ソウル・バンコク・シンガポール・ホノルル・サンフランシスコ・ロスアンゼルス・サンノゼ

（出典：各社ホームページより観光ビジネス研究会作成）

現状

　日本の国内線には、ピーチ・アビエーション、ジェットスター・ジャパン、スプリング・ジャパン、ジップエアーの4社のLCCが運航しています。「LCC (low-cost-carrier)」とは、格安航空会社のことを指します。LCCの対語として、幅広いサービスを提供しているエアラインのことを「フルサービスキャリア」と呼ぶことがあります。LCCのビジネスモデルは、1971年の米国テキサス州に本拠地を置くサウスウエスト航空によって生み出されました。フルサービスが普通であった当時の航空業界において、サービスの簡素化や利用機体の統一、航空機の稼働率向上の工夫などで、低価格化を図り利用客を獲得する手法が注目されました。LCCはもともとレジャー需要が中心なため、ビジネス需要が高いフルサービスキャリアとの比較ではコロナ禍の影響が大きい状況ですが、コロナ禍を過ぎた回復期においては、回復の度合いもLCCが大きいと考えられます。

　LCCの特徴は、①付加サービスの有料化、②同一機体に統一、③省力化した予約・入出場システム、④時間当たり操業度の追求、⑤小さい座席空間であり、何といっても低料金を実現しているところです。LCCは、これまで飛行機の利用が少なかった若年層の需要を開拓するだけでなく、訪日外国人旅行者の便宜の向上や、空港の利用状況にも大きく貢献しています。日本のLCCシェアは諸外国と比べると相対的にまだ低く、特に、地方空港への参入が期待されます。

未来戦略

　LCCは1990年代のヨーロッパで発展し、アジアでも急速にLCCが浸透してきました。日本では2000年の航空法改正や2008年の国際線運賃下限撤廃で、成田国際空港や関西国際空港などは、多くのLCCが就航するようになっています。また、国際線乗り入れが可能な地方空港では、国際線LCCを迎え入れる動きが進んでいます。国内線LCCは、2012年の就航開始以来、着実に路線を拡大してきましたが、コロナ禍の中では需要が見えず苦境に立たされていました。そのような中、ピーチ・アビエーションは国内線の全路線で1か月乗り放題の航空券定額制サービス「Peachホーダイパス」を2021年10月に約2万円からで発売開始しました。日本航空傘下のジップエアーは、2024年3月から成田空港とカナダのバンクーバーを結ぶ定期便を新たに運行すると発表しました。ジップエアーは利用者のおよそ7割が10歳代〜30歳代と若く、航空需要が回復する中学生等の留学先やワーキングホリデーに人気のカナダに就航することで需要を取り込む狙いがあります。また、ANA傘下のエアージャパンが「Air Japanブランド」として、2024年2月に成田空港を拠点に運行を開始しますが、フルサービスでもLCCでもない形態でANAブランドのアジア航路も担います。

　株式会社スパコロが実施した、LCCの利用者意識調査によると、LCCを優先して利用する人の割合は約2割（17.7％）を占めています。一方、半数以上が従来型航空会社を優先して利用したいと考えています。どちらも同じくらい利用すると答えた人は29％存在していることから、LCCはこの層を取り込んでいくことが戦略となります。

　LCCビジネスの未来戦略において、LCC本来の魅力である価格の手軽さとともに、LCC自らが付加価値のついた観光商品を開発し、利用者が気軽に旅行できる新たな需要を創出できれば、市場開拓も進みます。例えば、LCCの予約と同時に、到着飛行場からの現地ならではの魅力的な着地型観光の案内・予約や、ホテルやレンタカーの予約もできるなどの観光MaaS的な利便性の提供などが考えられます。

　国際線では、アジア太平洋地域のLCC7社で2016年に設立されたアライアンス（航空会社連合）の動向が注目されます。世界3大アライアンス（航空連合）として、スターアライアンス、ワンワールド、スカイチームが有名ですが、多国間のLCCだけで世界で初めて結成されたバリューアライアンス（国際航空連合）は特徴的です。現在では、チェジュ航空、セブパシフィック航空、セブゴー、ノックエア、スクートの5社が加盟し、稼働しています。自社のネットワークではカバーができないエリアへも自社サイトを経由して購入できるのが最大のメリットになります。今後、海外LCCの日本への乗り入れ拡大や国内LCCとの連携に期待したいところです。

空港施設ビジネスの現状と未来戦略

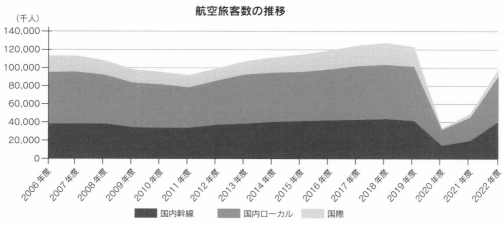

航空旅客数の推移

（千人）

■ 国内幹線　■ 国内ローカル　□ 国際

（出典：国土交通省「2022年航空輸送統計調査」より編集）

現　状

　本書では、空港施設ビジネスを空港施設のインフラビジネスおよび空港施設に付随するサービス全般を含めて定義します。空港施設ビジネスは、空港施設を利用する旅客数の状況を反映します。2022年度における国内定期航空輸送の旅客数は、幹線が39,417千人で対前年度比78.7％増、ローカル線が51,244千人で同85.4％増でした。全体として90,662千人で同82.4％増でした。また、2022年度の国際航空輸送の旅客数は9,514千人と対前年度比で440.0％増と急回復傾向になりました。2020年からのコロナ禍により、国内・国際とも航空輸送の旅客数は激減し、極端な減少で推移していましたが、統計値からも回復傾向がはっきり見えてきました。

　日本の航空旅客数は、国内航空において2007年の燃油価格高騰の影響を契機に、それまでの増加が減少に転じた後、2008年のリーマンショック以降の世界的な景気後退により減少を辿っていましたが、2012年以降は増加に転じました。国際航空の旅客数も同様に、2008年からテロ紛争、景気後退、尖閣諸島問題や東日本大震災などの影響を受けて減少していましたが、2012年には国内航空と同様に増加に転じました。しかし、2020年のコロナショックによる航空輸送量の激減は過去の状況を遥かに超えた状況となりました。一方、2022年10月より、インバウンド旅客のビザ取得が不要となり個人旅行が解禁、1日当たり5万人の入国上限も撤廃され、本邦内のすべての国際空港で順次国際線の受け入れが可能となっています。そのような状況から、空港施設ビジネスへの好影響が期待されています。

 **未来戦略**

　空港施設ビジネスの未来戦略には、空港の利用者数の増加を目指すためLCCの誘致が欠かせません。世界的にLCCの利用が拡大していることからも、コロナ禍がなければ、日本に就航するLCCの新規路線、便数は増加基調にありました。コロナ禍が過ぎた状況を見極めLCC就航記念キャンペーンなど思い切った着陸料低減策を準備しておくことが空港施設戦略として考えられます。LCCの誘致が困難な地方空港は、国内外のハブ空港と連携することが戦略上有効です。LCCを中心とした国際線・国内線利用の促進策を進めておき、インバウンド旅客をハブ化された国際空港から国内各地の空港へ向かう流れをつくることが非常に重要です。津々浦々、四季折々の日本の美しい地域文化を世界に開く機会につながり、地方創生に適した取り組みになります。さらに、訪日外国人が帰国後に越境ECなどを通じてクールジャパンの商品を購入できるサービスや再来訪に向けての機会を創出するために日本文化のお土産化（例えば、温泉めぐり体験チケットの頒布や日本各地のお祭り参加権などの提供）など、コト消費をお土産化する施策を打ち出す絶好のタイミングとなっています。

　もうひとつの空港施設ビジネスの未来戦略として、「空港」が旅の通過点であるという発想を転換し、ゆっくりと過ごせる空間や生活便益をもたらす空間として捉え直す戦略があります。空港には美しい景観を楽しめる展望デッキがあり、非日常な雰囲気で食事や買物ができる環境がすでに揃っています。映画館や温泉や宿泊施設がすでにあるという空港であれば、新千歳空港のようにさながらテーマパークのような発想で集客することも考えられます。また、生活便益をもたらす空間を提供している事例として、石川県の「のと里山空港」があります。道の駅と地域の行政機関の出張所が一体化し、行政サービスセンター、旅券窓口、生涯学習センター、県産業支援センターなどが集積しており、従来の空港利用者とは異なった利用者層を取り込んでいます。石川県では「寒ブリの解体ショー」など新たな利用促進策も練っています。

　関西では、コンセッション（施設所有者を公的機関に残し運営を民間事業者が行う）方式による関西国際空港と大阪国際空港と神戸空港との一体運営に事業が再構築されました。その結果、神戸空港の国内線発着枠の拡充、運用時間帯の拡大などが決まり、2025年の大阪・関西万博などを控えインバウンドの受け入れ態勢を加速・強化できることになっています。3空港の一体運営は関西全体の航空輸送需要の均衡拡大、さらには関西経済全体の発展に大きく貢献します。

　空港施設ビジネスの未来戦略では、2060年のカーボンニュートラル実現を見越して、広大な敷地を活用した太陽光発電による機能維持対策や、日本語を修得した外国人材の活用（多言語コミュニケーション対応）など、持続可能な対応も戦略上の重要課題です。

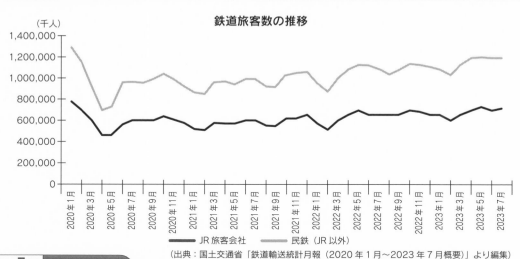

鉄道旅客数の推移

(千人)

（出典：国土交通省「鉄道輸送統計月報（2020年1月〜2023年7月概要）」より編集）

現 状

　鉄道各社は、道路整備による自動車交通との競争激化や少子高齢化、および団塊の世代の大量定年時代が続いてきた影響による生産年齢人口の減少等により、従来からの運輸収入は伸び悩んでいました。一方でコロナ禍の影響を除けばインバウンド旅客の増加が鉄道にも波及してきていました。

　2022年から2023年7月までの鉄道業界は、新型コロナウイルス感染症対策の緊急事態宣言等で大幅に落ち込んだ2020年5月以降から増加傾向にあります。鉄道全体の旅客数は、コロナ禍前の83％水準にまで回復しています。国土交通省の「鉄道輸送統計年報」によると、2022年度の鉄道旅客数は前年度比19.2％増の210.5億人でした。内訳はJRの旅客数が前年度比17.6％の78.8億人、私鉄の旅客数が同20.1％増の131.7億人でした。新幹線の旅客数は2023年3月時点でコロナ禍前の2019年の90％水準まで戻っています。また、北陸新幹線の延伸区間（金沢〜敦賀）の開業が2024年3月16日になり、東京から福井県まで乗り換えなしでアクセスできます。東京駅〜福井駅の所要時間は、現状の東海道新幹線と北陸線特急を乗り継ぎ利用した場合（3時間24分ほど）に比べ約30分短縮され、最短2時間51分となる見込みです。

　2022年10月の入国制限緩和までは、インバウンド旅客の空港から鉄道への大きな流れはなくなっていましたが、その後は入国制限の緩和等で急回復しています。一方、国内邦人移動においては、「3密」を避ける行動を求められたことで、時差通勤、在宅ワークなどのビジネス様式も定着し、ビジネス需要の完全回復は難しい状況です。一部の鉄道では需要に応じた運行ダイヤの調整や駅構内のテレワーク施設の導入、郊外でのワーケーションの提案などが見られます。

未来戦略

　コロナ禍がなければ、インバウンド旅客の増加が新幹線や都市鉄道、地方ローカル線にもプラスの影響が継続していたと考えられます。また、「乗り鉄」、「撮り鉄」といわれる鉄道ファンや、「鉄子」といわれる女性の鉄道ファンも目立つようになるなどの社会現象は引き続き見られます。

　このような状況から、鉄道ビジネスの未来戦略は、ビジネス需要の完全な回復が見込めない前提で検討する必要があります。都市部では集中していた時間帯の分散利用への取り組みを進め、運行や要員の効率化を図りつつ、国内外の観光・レジャーなどの通勤需要以外に目を向けていくことが必要です。その点、移動サービスに関わるMaaS（マース）整備を加速し、鉄道以外の運輸ビジネスや観光・レジャー事業者などと連携した仕組みを構築・運営することは重要な戦略です。スマートフォンで起終点の移動に関する検索〜予約〜支払を一度に行えるようにして、ユーザーの利便性を大幅に高め、移動の効率化により都市部での交通渋滞緩和や地方での交通弱者対策などの問題解決に活用します。MaaSは、「サービスとしての移動」にフォーカスし、個々人の移動を最適化する提案を付加して利用者の利便性を高めることや旅行での体験・購買などの目的的価値を高めることが重要です。関西のJRや大阪メトロを含む鉄道7社は、MaaSを共同で構築し、国内初の鉄道事業者連携による広域型MaaSアプリを2023年10月16日から開始しました。2025年に開催される大阪・関西万博での活用や、QRコードでの出改札乗車も検討されているので、インバウンドの受け入れ体制に一役買うことが期待されています。

　人口減少の環境下での鉄道ビジネスの未来戦略には、交流人口の拡大を目指す戦略が必要となってきます。地域と地域を結ぶ交流人口の拡大には、「地域間の往復チケット」、「1日周遊乗車券」、「5,000円で広域圏乗り放題」などの企画型乗車券の商品造成、沿線のお祭りイベントやスポーツイベント、買物イベント等とタイアップした企画型乗車券などが考えられます。また、これらにまつわる情報受発信機能の充実やコミュニティの醸成が必要です。

　地方ローカル線では、毎年のように廃線になっている現状もあります。沿線の人口減少に比例した需要減と施設の老朽化に自然災害が追い打ちをかけた状況などが要因と見られます。コロナ禍の影響で地方ローカル線の更なる廃止の動きも懸念されます。JRなどでは、路線ごとの収支公表をきっかけに自治体等と事業の在り方を協議していく段階が進んでいます。2023年10月1日「地域交通法等改正法」が施行されました。地方鉄道では、非日常空間を演出する観光列車を充実させ地域と連携して宿泊を伴う観光を実現することで、地域で稼げる観光ビジネスを創造することが重要です。鉄道輸送は、今後も観光の入り口となり動脈を担う重要な移動手段であることに変わりはないので、いかに流動をスムーズに担えるかが命脈となります。

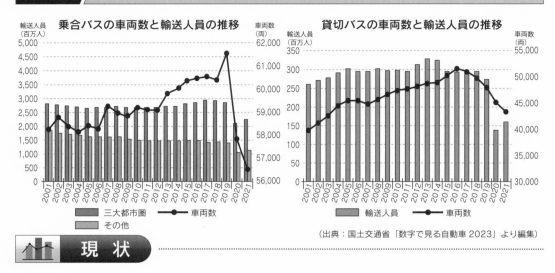

乗合バスの車両数と輸送人員の推移

貸切バスの車両数と輸送人員の推移

（出典：国土交通省「数字で見る自動車 2023」より編集）

現 状

　乗合バス事業の2001年から2019年の状況は、三大都市圏の輸送人員は概ね横ばいで、その他の地域については全体的に減少傾向でした。しかしながら、2020年からのバス業界はコロナ禍の影響で戦後最大の危機といわれています（公益社団法人日本バス協会）。コロナ禍前の輸送量に比べて路線バスで2～3割減、高速バスと貸切バスは6～7割減となっています。事業者は路線バスはコロナ禍前も、バリアフリー、省エネルギー、コストダウンへの対応に取り組んでいるものの利益は薄く、高速バス、貸切バスとの兼業でなんとかバス事業全体の利益を確保していました。ところが、都道府県を越える人流抑制が課された期間に、高速バス・貸切バスの需要が途端になくなり、バス事業全体への影響が甚大になったものと考えられます。

　国土交通省の「自動車輸送統計年報」（2023年9月29日発表）によると、2022年度のバス全体の輸送人員は38億15百万人（前年度比10.0％増）で、一般乗合が35億63百万人（同8.7％増）、高速乗合が55百万人（同83.3％増）、貸切が1億98百万人（同25.3％増）でした。輸送人キロで見ると、バス全体で401億26百万人キロ（前年度比48.8％増）、一般乗合が180億11百万人キロ（同14.3％増）、高速乗合が118億7百万人キロ（同97.1％増）となっています。バス輸送全体の輸送人員では、コロナ禍前の2019年度の約8割まで戻ってきている状況です。東京商工リサーチによると、貸切バス事業者の倒産状況は2020年度15件、2021年度14件、2022年度上期は9件を記録し、依然厳しい状況が継続しています。

　なお、「貸切バス事業者安全性評価認定制度」（2023年10月現在 2,036事業者が認定済）が実施されています。2016年の軽井沢スキーバス事故などの問題があり、貸切バス業界にとって安全運行はビジネス上の最重要課題となっています。

未来戦略

　乗合バスでは特に地方の利用者減少への対応が課題です。乗合バスビジネスの未来戦略は、利用者を確保するための方策を打ち出していくことです。運営レベルでできることとして、徹底的な顧客密着のPR営業があります。九州の産交バスでは、高齢者のバス利用不安解消を目的に、バスに関する基本情報を提供しており、折り畳み式時刻表兼利用促進チラシを重点的に各戸配布しています。スマートフォンでの運行情報提供サービスの導入も有効な手段と考えられます。これらは、一見客にとっても利便性を高めます。経営レベルでは、他社と連携した共同運行での路線維持・再編や、AI活用のデマンドバス輸送（長野県塩尻市）の実施などが見られます。岡山県の民間シンクタンクが2022年8月に公表した「公共交通経営実態調査」では、全国の鉄道やバス会社などの交通事業者に新型コロナ感染症の経営への影響を尋ねたところ、全体で9割超が補助金・交付金を受領し、この支援がなければ経営が成り立たないと回答しています。また、支援を受けていない事業者でも、このまま自力で経営できるとしたバス事業者は20社のうち、僅か3社に留まりました。これまで補助金等で下支えしてきた地方交通バス路線は根本的な解決策を模索しなければならない状況です。日本の公共交通の将来を改めて考える契機にもなっています。

　貸切バスビジネスの未来戦略は、鉄道や航空機にはない自由な運行ルートが設定できる優位性を存分に発揮する戦略を描くことです。貸切バスの旅は、まとまった人数でも鉄道のように乗り換えもなく、道さえあればどこへでも移動できるという大きな利点があり、これを活かしたいものです。わが国の観光は、成熟化が進み、興味ある分野の知識をより深めたい、自ら体験してより深い満足を味わいたいという欲求が強くなっています。コロナ禍で始めたオンラインツアーなど多様な欲求をマーケティング的に捉え、安全・安心で、利用者の潜在ニーズも汲み取った旅行商品を造成することが求められます。

　自動車輸送は生活基盤であり事業継続力が必要です。観光ビジネスや地域創生にとっても重要です。タクシーやバスが不足する地域での、自家用車や一般ドライバーを利用したライドシェアについて検討する方向性が政府のデジタル行政会議で示されています。ただ、ライドシェアは営利事業として認められていないため、道路交通法上では運送の対価について実費の範囲内で留めることを求めています。一方、配車システムの利用やドライバーの人経費などのコストを賄い持続可能な運営をするには、対価のレベルを上げるべきとの考えもあります。公共輸送としての事業継続の視点では、バス車両と自動運行システムを公共が整備し、運営を民間に委託する公設民営型の事業スキームを検討するのも一案です。AI技術やICTが進化し、自動運転技術の実用化が見えてきた今こそ、イノベーションの果実を地域の再生に応用する機会といえるでしょう。

3-7 レンタカー・観光タクシービジネスの現状と未来戦略

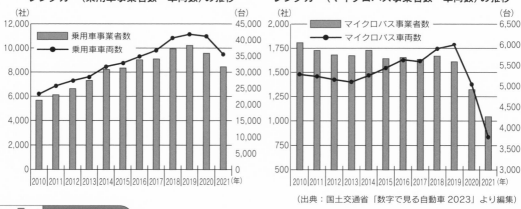

レンタカー（乗用車事業者数・車両数）の推移

レンタカー（マイクロバス事業者数・車両数）の推移

（出典：国土交通省「数字で見る自動車 2023」より編集）

現 状

　国土交通省「自動車輸送統計年報」（2023年9月28日発表）によると、2022年度の乗用車輸送の人員は9億68百万人（前年度比＋16.6％）、輸送キロで40億59百万人キロ（同＋25.8％）でした。コロナ禍前の2019年度の約7割強まで回復している状況です。2020年度は新型コロナウイルス感染症拡大を受けて、事業者数、車両数とも減少に転じましたが、それまでのレンタカーの乗用車部門が伸びた要因として、法人向けはコスト削減のため社有車からの切り替えが、個人向けは観光需要の増加や都市部を中心とした自動車普及状況の変化（所有から使用へ）が影響していると考えられます。都市部ではカーシェアリング用の車両ステーションを見かける機会が多くなってきました。レンタカーの乗用車部門・マイクロバス部門ともコロナ禍での需要減で保有車両を処分した傾向も見られます。特にマイクロバス部門では車両数の極端な減少が見られます。

　観光タクシーは、近年、観光に力を入れている多くの都市で誕生していますが、まだ利用頻度は低い状況です。最近では、Webを通じて事前にコースの案内や料金プランの明示をするなど、観光客にとっても利用しやすくなってきています。貸切バス・観光タクシーの貸切・見積り予約の「たびの足」や日本全国観光タクシー予約専門の「観光タクシー／サイトジャパン」などの専用サイトも登場してきています。

 **未来戦略**

　公益財団法人交通エコロジー・モビリティ財団の2023年3月の調査によると、国内のカーシェアの会員数は約260万人で使用可能な車両台数は51,000台です。また、富士経済の調査によると、国内のカーシェアの市場規模は2018年時点で382億円でしたが、2030年には4,555億円まで広がると予想されています。ビジネス・観光においてもカーシェアの利用増を取り込む戦略が望まれます。

　レンタカー・観光タクシービジネスの未来戦略には、団体旅行から個人旅行へのシフトの波をレンタカーや観光タクシーで受け止める対応が考えられます。このシフトはコロナ禍で加速した感があります。レンタカーを利用する観光客には、鉄道や飛行機の予約と同時にレンタカーを予約したいというニーズがあります。ANAやJAL、JR各社、大手旅行エージェント、楽天トラベルなどでは、ワンストップで予約できるWebサイトからの需要が多くなっています。

　最近、MaaS（Mobility as a Service）という新しい概念が普及しつつあります。個々人の移動を最適化するためにさまざまな移動手段を活用し、利用者の利便性を高めるものです。現状では、電車やバス、飛行機など複数の交通手段を乗り継いで移動する際、それらを跨いだ移動ルートは検索可能となりましたが、予約や運賃の支払いは、各事業者に対して個別に行う必要があります。このような仕組みを、手元のスマートフォン等から検索〜予約〜支払を一度に行えるように改めて、ユーザーの利便性を大幅に高めたり、移動の効率化により都市部での交通渋滞緩和や地方での交通弱者対策などの問題の解決に役立てようとする考え方に立ったサービスがMaaSです。JR東日本は東北6県で始めたMaaS実証実験を拡充し、2022年度以降は継続的に「TOHOKU MaaS」を観光活性化に活用するとともに、非接触・キャッシュレスの『あたらしい旅のかたち』の普及を推進するとしています。レンタカー・観光タクシービジネスの未来戦略には、MaaSの仕組みを活用することで、観光地での2次交通の問題を解消して、旅行者の利便性を向上させ需要を取り込むことが大いに期待できます。

　また、観光タクシービジネスの未来戦略には再来するインバウンド対応があります。今後、観光タクシー分野はインバウンド旅客を取り込む工夫で、大いに伸びると考えます。土地勘がない、言語がわからない国や土地で電車やバスに乗り継ぐ行動は難しく、不安もあります。その点、タクシーは行き先を告げるだけで目的地に到着するため、簡単で便利な乗り物です。重い荷物と一緒に移動する観光客なら、なおさら便利な乗り物といえます。よって、コミュニケーションギャップを埋める多言語コミュニケーション機能の整備が重要な戦略となります。

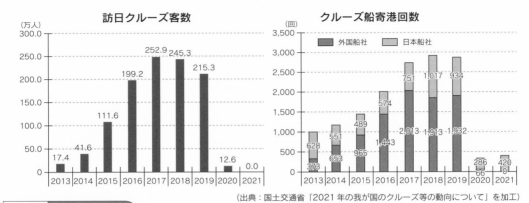

訪日クルーズ客数およびクルーズ船寄港回数の推移

（出典：国土交通省「2021年の我が国のクルーズ等の動向について」を加工）

現状

　クルーズとは、クルーズアドバイザー認定委員会（一般社団法人日本外航客船協会／一般社団法人日本旅行業協会）では次のように定義されています。①船に乗ること自体が旅行の主目的の1つであり「船」そのものが主要な目的地（デスティネーション）であること、②航空機や鉄道などの代替・振替の輸送機関としての船旅ではないこと、③単なる輸送機関としてではなく船内のレジャーや滞在・洋上ライフを楽しむことが乗船の主目的となっていること、④原則的に船内での宿泊が伴うこと、となっています。

　2019年までは、豪華客船で日本各地を巡るクルーズが活況を呈していましたが、コロナ禍で状況は一転しました。2020年1月に発生したダイヤモンド・プリンセス号の新型コロナウイルス感染症事象は世界の人々に強烈な印象を与えました。国土交通省によると、2021年の訪日クルーズ旅客数はゼロ、わが国港湾への寄港回数は前年比19.3％増の420回で、すべて日本船社による国内クルーズとなりました。国際クルーズ船の運航再開状況は、2020年7月から欧州において、2021年6月から北米、同年8月からアフリカ、同年10月から中東、同年11月から南米、2022年4月からオセアニア、同年7月からアジアと順次再開されています。安全・安心の取り組みがクルーズ客船を取り巻くすべての関係者に求められています。豪華客船・クルーズ専門旅行会社のWebサイトのクルーズプラネットでは各社の取り組みを安心情報として見ることができます。一般社団法人日本旅行業協会（JATA）と一般社団法人日本外航客船協会（JOPA）、日本国際クルーズ協議会（JICC）および国内外のクルーズ会社11社は、協働で2023年11月1日から「今こそクルーズ！キャンペーン」に乗り出しました。

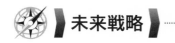

未来戦略

　2022年の寄港回数は、速報値で前年比71.4％増の720回（すべて日本船社）、2023年の寄港回数は1,826回（前年比153％増）となる見込みです。当面は、安全・安心の取り組みを進め、各国行政機関や医療機関を含めた連携体制の確立でクルーズの安全と信用を取り戻し、グルーズ業界全体でクルーズの良さをプロモーションしていくことが重要です。

　クルーズ客船ビジネスの未来戦略は、市場が何を求めているかを理解し、それに相応した取り組みを行うことです。今後、長期的にも世界的（特にアジア）にもクルーズ人口の増大が予想されることから、将来的にはクルーズによる経済効果が期待されます。コロナ禍以前には、訪日クルーズ旅客年間500万人に向けたクルーズ船受け入れの更なる拡充施策があったことを念頭に、今こそクルーズ客船ビジネスの再生に向けた取り組みが求められます。もとより日本は四方を豊かな海に囲まれた風光明媚な土地柄にあり、美しいさまざまな自然をゆっくりと味わうことができるからです。例えば、「見渡す限りの大海原、大自然が織りなす景観、煌めく非日常のエンタテインメントの数々、オールインクルーシブなど」を訴えていくことができます。豪華客船クルーズは、いわば「海上を移動するテーマパーク」に成り得るため、船旅ならではの醍醐味を提供できます。

　コロナ禍までのクルーズ人口の伸びの特徴として、外航クルーズ乗船5～7泊の乗客数が増えていたことから、働き方改革進展による休暇増加組などを誘引することもできます。さらにコロナ禍でのワークスタイルの変化を踏まえ、船内に仕事や研修もできる環境を整えることで、ワーク（仕事）とバケーションと組み合わせたワーケーションの提供も可能となります。船内には、無線LAN、遠隔会議システム、執務ブースなどを備え、ビジネスのON-OFFを容易に切り替える環境を用意することで、クルーズ・ワークをアフターコロナ時代の新しいワークスタイルの提案につなげていくことができます。また、外国への短期留学のように語学研修から外国文化の体験などを船内で演出し外国人スタッフによって実現するようなクルーズ短期留学バケーションを組み合わせたラーケーションも考えられます。

　豪華クルーズでなくても、スモール・クルーズの連帯した取り組みも見られます。約100社が参加する「御船印めぐりプロジェクト」が一例です。御船印は寺社仏閣でもらえる「御朱印」の船バージョンです。また、0泊3日の弾丸ツアーで有名になったフェリークルーズは、格安なことから若者層に支持があります。居住性を高めていることから、お年寄りや小さな子どもがいる家族での利用の見直しの動きも見られます。

　これらのように、クルーズ客船ビジネスには、多様な可能性があります。

第 **4** 節

まちづくり関連観光ビジネス

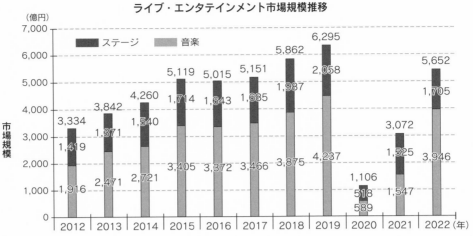

ライブ・エンタテインメント市場規模推移

*ライブ・エンタテインメント市場規模＝「音楽コンサートとステージでの、パフォーマンスイベントのチケット推計販売額の合計」と定義。

（出典：ぴあ総研「2023 ライブ・エンタテインメント白書」より）

現状

　音楽には、老若男女を問わず、人を癒し和ませ、勇気づけ、一体感を醸成する力があります。クラシック、ジャズ、ロック、ポップスなど、多彩なジャンルの音楽イベントが、プロ、アマを問わず頻繁に催されています。2022年のライブ・音楽イベントの市場規模は、感染抑制と経済活動の両立が進む中、対前年比84.0％増の5,652億円となり、過去最高となったコロナ禍前の2019年の約9割まで回復しました。

　2020年にコロナ禍による壊滅的な打撃を被ったライブ・エンタテインメント市場は、2021年も回復が遅れていましたが、秋頃から緩やかに浮上に向かい、コロナ禍前のほぼ半分の水準まで復活しました。特に、5千人以上の大規模会場での公演において、人数制限の長期化の影響が色濃く現れましたが、2021年9月に緩和されて以降、音楽分野は力強い回復に向かっています。

　コロナ禍においてほぼすべての音楽イベントが中止されましたが、2023年は音楽ホールや特設会場ステージでのコンサートやアーティストライブなどの企画運営会社などが主催する音楽イベントを始め、横浜の街全体がステージとなる横濱ジャズプロムナード（神奈川）や日本最大規模の定禅寺ストリートジャズフェスティバル（宮城）、高槻ジャズストリート（大阪）などのストリートジャズフェスや、SUMMER SONIC（東京・大阪）やイナズマロックフェス（滋賀）などの"夏フェス"と呼ばれるロック・ポップスなどの市民主導の音楽イベントも、コロナ禍を乗り越え再開されました。

未来戦略

音楽イベントビジネスの未来戦略を考えるにあたっては、「企画運営会社など企業が営利目的で主催するイベント」と「開催地の市民団体や商工業者、行政など地域の関係者が主体で開催する地域活性化を目的とするイベント」の2つに分けて考える必要があります。

「企業が主催する音楽イベント」は、イベントの収支が重要であり、集客、出演者の選択、イベントの演出など蓄積されたノウハウを駆使して運営しています。地域振興を目的に催される「市民主導の音楽イベント」は通常、地域の商店や商店街などの販売促進効果を狙って開催されています。

「市民主導の音楽イベント」を、人々が交流する有効な手立てにするためには、例えば、「地域とともに、地域の良さを活かして私達のふるさと、東近江を素敵な音楽でいっぱいの楽しく住みよい街にしていきたい」という理念のもとに、2010年に若手商工業者が有志で実行委員会を立ち上げ動き始めた「びわこジャズ東近江（滋賀県）」に見るような、まちおこし視点を基軸に企画運営する必要があります。まち（商店街）が生き生きと蘇ってほしいという思いから、現代に新たな祭りとして再興することで、まち全体が晴れ舞台に変わり、自分のまちを見直す機会となって、まちが蘇りその姿を現します。ジャズという気取らない音楽イベントが地域社会・経済の活性化につながります。

地域における音楽イベントは、演奏者やファンが楽しむだけではなく、地域住民一体となったまちづくりや地域創生視点での取り組みが重要となります。例えば、「定禅寺ストリートジャズフェスティバル」は、30年続く成功事例として、市民主導の音楽イベントのあるべき姿を示唆しています。当ジャズフェスティバルには「市民みんなで作っています」という明確なコンセプトがあり、市民ボランティアが中心となって企画・運営し、仙台市都心部の至るところの街角がステージとなっているため、演奏者と聴衆の目線の高さも同じで距離が近く、オーディエンスは、オープンカフェやオープンバーなどで購入した飲食物を片手に、自分の好きな音楽を自由に楽しむことができます。

コロナ後の音楽イベントビジネスの未来戦略は、まちづくりの原点に立ち返り、音楽イベントがお国自慢となり、地域の生活や文化に溶け込み根付かせる風土づくりです。具体的には①域外からのオーディエンスと地域が一体となったイベント運営とコンテンツ構成、②地域の住民、行政、企業に支援され、持続可能な地域社会・経済への貢献、③事業を推進する有志市民の存在とリーダーの承継・育成が必要です。

そして、音楽聖地としての巡礼や音楽体験を通じて、音楽ファンなど都市部からの来訪者と地域の人々が交流する「ミュージックツーリズム（音楽観光）」に発展させることが重要です。地域観光や地域活性化に向けて、地域の潜在的な資源と音楽を組み合わせ、音楽と観光が結びついたミュージックツーリズムを醸成し、新たな価値を創出することが求められています。

4-2 アートイベントビジネスの現状と未来戦略

2023年開催（予定）の主なアートイベント	
アートイベント名	開催地
極寒芸術祭	北海道川上郡弟子屈町（川湯温泉）
大地の芸術祭　通年プログラム「2023年の越後妻有」	新潟県越後我妻地域（十日町市、津南町）
中之条ビエンナーレ	群馬県中之条町
百年後芸術祭〜環境と欲望〜内房総アートフェス	千葉県市原市・木更津市・君津市・袖ヶ浦市・富津市
さいたま国際芸術祭2023	埼玉県さいたま市
東京ビエンナーレ2023	東京都千代田区・中央区・文京区・台東区
横浜トリエンナーレ2023	神奈川横浜市（横浜美術館、プロット48他）
マツモト建築芸術祭2023	長野県松本市（松本市旧司祭館他）
奥能登国際芸術祭・珠洲2023	石川県珠洲市
KYOTOGRAPHIE京都国際写真祭	京都府京都市（京都文化博物館別館他）
MIND TRAIL 奥大和 心のなかの美術館	奈良県吉野町・下市町・下北山村
六甲ミーツ・アート 芸術散歩2023 beyond	兵庫県六甲山
瀬戸内国際芸術祭「ART SETOUCHI」	香川県（瀬戸内海12島・2港）

（出典：観光ビジネス研究会調べ）

現状

　アートイベントはさまざまな地域と場所で開催され、地域外からも多くの人を呼び込んでいます。里山や田園、森林など自然の中での作品展示や古い建築物・民家などを利用した作品展示となっているところが多く、作品を展示する場所が複数のイベントスペースやエリアに分散し、点在する作品展示エリアを移動しながら見て回る形になっています。地域を挙げたアートイベントは、その地域の暮らしや自然と一体となった"アート作品を巡る旅行"といえます。

　2022年は、北川フラムが総合ディレクターを務め国内外のアーティストが地域と協力しながら自然や生活を背景にアート作品を創る「越後妻有 大地の芸術祭」が1年延期されたため、「瀬戸内国際芸術祭」の2つの日本を代表する地域芸術祭（3年に一度開催）が同年開催となりました。

　両アートイベントは開催期間だけではなく年間を通じてさまざまな通年プログラムを運営しています。新潟県越後妻有の広大な里山の暮らしが残っている地域を舞台に1年を通じて自然の中で開催される「越後妻有 大地の芸術祭」は、季節プログラム「大地の芸術祭の里 越後妻有 春／夏／秋／冬」や林間学校、季節の行事などの地域づくりを行っています。例えば、冬は雪を使ったイベントや作品、季節の食材を使ったランチ、廃校や作品に泊まれる宿泊施設、オフィシャルツアーなどのプログラムを運営しています。

　過疎高齢化や中越地震などによって、地域文化である民家が空き家になり、コミュニティの中心であった学校が廃校になっています。これらをアート作品として再生することで、地域の景観を維持し、記憶と知恵を未来に継承する試みが行われています。また、地域の行事にアーティストや地域住民、サポーター、NPOスタッフが加わり、一緒に楽しみながら地域と関わり続けています。

⊕ ▶ 未来戦略 ▶ ⋯⋯⋯⋯⋯⋯⋯⋯⋯⋯⋯⋯⋯⋯⋯⋯⋯⋯⋯⋯⋯⋯⋯⋯⋯⋯⋯⋯⋯⋯

　アートイベントビジネスの未来戦略の基本は、第1として「地域資源とコラボレーションした企画」を創出することです。アートイベントの魅力は、その地域ならではの自然や地形、街並み、建造物など、その地域の持つ風景や暮らしと一体となった環境展示であることです。どんなものが出てくるのか予測のつかないワクワク感と、アートを気楽に楽しめる点が人気を呼んでいます。地域特性や地域資源など地域の強みを活かした取り組みが、地域のアイデンティティを形成していきます。

　第2として「地域住民を巻き込むこと」です。主催者団体だけでなく地域住民や商工業者が加わり、地域全体での協力姿勢でイベントを盛り上げると、観光客への満足度を向上させ、リピーターの創出につながります。アートの質だけでなく、移動途中の地域住民との交流による観光客へのおもてなしは、その地域への愛着につながり、リピーターを創出しています。地域住民によるボトムアップからの支持を生む枠組みづくりが必要とされます。

　瀬戸内海に広がる12の島と2つの港を舞台に繰り広げられる国内最大規模の「瀬戸内国際芸術祭」は1985年、瀬戸内に世界中の子どもが集える場を作りたいとの思いを抱いていた福武書店（現株式会社ベネッセホールディングス）創業者の福武哲彦氏と、直島を健康的で文化的な観光地として開発したいとの夢を描いていた町長三宅親連氏との出会いが始まりです。当初は盛り上がりに欠けましたが、児童が参加し、子どもの感性を磨くアート教育として親たちが参加し、大学生が関わり地域住民がつながっていきました。地元住民やボランティアサポーターなどに支えられ、回を重ねるたびに拡大しました。高齢化と過疎化が進む中、住民と来訪者との交流により、瀬戸内の魅力を世界に発信し、経済効果は130億円以上、若い世代が移住し活気が戻ってきています。

　「越後妻有 大地の芸術祭」も同様に、里親として棚田に出資することで都市と地域の交流を図る「まつだい棚田バンク」を運営しています。大地の芸術祭に訪れたことがきっかけで、この地域に魅了され、関係人口になる人や若い移住者が増えています。

　このようにアートイベントビジネスは、アート鑑賞や観光ビジネスの枠に留まらない地域活動として取り組まれています。アーティストやアートファンだけのものではなく、地域の産業や地域住民一体となったまちづくりや地域創生視点での取り組みが重要となります。地域・世代・ジャンルを超えたネットワークを育み、地域の未来につなげることで、①住民がいきいきと暮らす、②地域の雇用を創出する、③多様な価値観や境遇の人々が共存できる、地域にしていくことを目指しています。

　これからのアートイベントビジネスの未来戦略は、地域の街並みや自然環境を背景に「アート（文化）」×「経済」×「コミュニティ（ネットワーク）」により持続的に開催することで、「アートと地域文化を次世代へ承継」させるとともに、地域の「新しい価値を創造」していく取り組みが求められています。

International Illumination Award2023「イルミネーションイベント部門ランキング」		
優秀エンタテインメント賞	**優秀技術賞**	**優秀ストーリー賞**
第1位 ハウステンボス「光の王国」（長崎県佐世保市）	日本庭園 由志園 黄金の国ジパング2022（島根県松江市）	あしかがフラワーパーク「光の花の庭」（栃木県足利市）
第2位 さがみ湖イルミリオン（神奈川県相模原市）	伊豆ぐらんぱる公園「グランイルミ」（静岡県伊東市）	東南植物楽園　沖縄南国イルミネーション2022-2023（沖縄県沖縄市）
第3位 ラグーナテンボス ラグーナイルミネーション2022（愛知県蒲郡市）	御殿場高原 時之栖イルミネーション ひかりのすみか（静岡県御殿場市）	湘南の宝石～江の島を彩る光と色の祭典（神奈川県藤沢市）
第4位 大阪・光の饗宴2022（大阪府大阪市）	横浜港フォトジェニックイルミネーション2022（神奈川県横浜市）	東京ドイツ村ウインターイルミネーション（千葉県袖ヶ浦市）
第5位 国営讃岐まんのう公園ウィンターファンタジー（香川県仲多度郡まんのう町）	なばなの里 イルミネーション（三重県桑名市）	さっぽろホワイトイルミネーション（北海道札幌市）
第6位 よみうりランド ジュエルミネーション（東京都稲城市）	京都駅ビル 光のファンタジー2022（京都府京都市）	レオマリゾート レオマウィンターイルミネーション2022（香川県丸亀市）
第7位 ミッドタウン ウインターライツ（東京都港区）	マザー牧場イルミネーション 光の花園（千葉県富津市）	天龍峡ナイトミュージアム2022（長野県飯田市）
第8位 ハーベストの丘Wonder Night Hill 2022（大阪府堺市）	ローザンイルミ 2022-2023－ひかり奏でる森（滋賀県米原市）	SENDAI 光のページェント（宮城県仙台市）
第9位 みろくの里イルミネーション2022（広島県福山市）	六本木ヒルズ展望台「天空のクリスマス2022」（東京都港区）	京都イルミネーション シナスタジアヒルズ（京都府南丹市）
第10位 フラワーイルミネーションin とっとり花回廊（鳥取県西伯郡南部町）	グリーンランド Wonder illumination（熊本県荒尾市）	青の洞窟SHIBUYA（東京都渋谷区）

（出典：一般社団法人夜景観光コンベンション・ビューロー・ぴあ株式会社主催「International Illumination Award 2023」より）

現　状

　ライティングイベントビジネスは、イルミネーションやプロジェクションマッピングなど電気的な光源から、松明やキャンドルなどの自然の炎を用いたイベントまで広がりを見せています。

　ライティングは、キャンドル、電球、LED、光ケーブルなどの光源で夜間に風景を創り出す光の演出のことで、特に冬の街並みはさまざまなイルミネーションで飾られます。近年では、低電力消費のLEDやCGを駆使して建造物や都市空間に映像を投影するプロジェクションマッピングなどの普及により、四季を問わずさまざまなライティングが街並みや自然を彩っています。春の夜桜・ライトアップや秋の紅葉・ライトアップなどは、自然の持つ美しい景観をさらに幻想的に彩っています。また、吊り橋や工場をライトアップし夜景を楽しめるスポットも増えています。

　日本のイルミネーションは「電球による装飾」や「イベント」を意味する場合がほとんどですが、海外では「光そのもの、明るくすること、照らされている状態」等、都市の夜間景観づくりも含めた幅広い意味を持っています。また、LED演出やプロジェクションマッピングに留まらず、ARやVRなど多種多様な演出を施し、従来の鑑賞スタイルから脱皮した新作や新演出も増加しています。

　一般社団法人夜景観光コンベンション・ビューローとぴあ株式会社は、過去10年間実施してきた「イルミネーションアワード」を改称し、新たに「International Illumination Award（IIA）」として、イルミネーション認定ブランドを創設しました。従来の「イルミネーションイベント部門（全国6,452名の夜景観光士による投票で決定）」に加え、「まちづくり部門」や「環境部門」、「テクノロジー部門」、「インターナショナル部門」を新設しています。

未来戦略

ライティングイベントは近年、「テーマパークなどの施設運営企業」や「自治体・地域住民を中心とした団体」が主体となり、魅力のあるライティングイベントが全国津々浦々で展開されてきました。

テーマパークなどの「企業が行うライティングイベント」は、LEDで光が紡ぐスケール感を表現したイルミネーションやプロジェクションマッピング映像の競演などの最新技術を駆使した壮大で幻想的なライティングイベントを行うことができます。

自治体や地域住民を中心とした団体が行う「地域のライティングイベント」は、例えば、御堂筋や中之島など地域のシンボルを光で彩る「大阪・光の饗宴」のように、その土地ならではの地域資源（街並み、施設、寺社・歴史的建造物・史跡など）と組み合わせることが、独自の魅力を創り出す鍵となります。近隣住民から集客し、商業地域での滞在時間を増やし、地域での消費を促すようなイベントを起点に、知名度が上がれば広域からの集客も行うことができるようになります。

大阪・光の饗宴のコアプログラムのひとつの「御堂筋イルミネーション」は、ライティングデザイナーの長町志穂氏が"銀杏の木が4列並ぶ街路は日本にはここしかない"という点に着目し、銀杏並木のライトアップを提案し実現したものです。多分野で活躍するデザイナーのネットワークなども活用し、"その土地ならではの特別な体験のストーリー"をいかに創造するかが重要になってきます。

IIAで新設された「まちづくり部門」では、明かりを利用し夜間のまちづくりを意識した取り組みを行っている自治体や地域団体を対象に、地形や街の特性を活かしたアイディアや美しい夜間景観として、「長崎・星物語（長崎県長崎市）」が2023年優秀賞を受賞し、「環境部門」では、環境問題に対して先進的でサステナブルな取り組みとして、株式会社グリーンディスプレイの「botanical light」が2023年優秀賞を受賞しました。

冬の名物だけでなく、四季折々の多彩な夜景を楽しむイベントとして企画・設計することにより、年間を通した集客を可能にできます。例えば、毎年夏に奈良公園周辺で行われている「なら燈花会（とうかえ）」は、2万本以上のろうそくが灯され、古都の夜景を幻想的に染め、観光客が減少する夏枯れを克服する「古都奈良を彩るイベント」として定着しています。また、「100万ドルの夜景」と呼ばれる神戸や一般社団法人夜景観光コンベンション・ビューローに「日本三大夜景」に認定された札幌、北九州、長崎を始め、四季折々の美しい都市の夜景は人々を魅了します。

ライティングイベントビジネスの未来戦略は、次の時代への長期展望に立ち、都市や地域のさまざまな景観資源を最大活用し新たな表情やシナリオを創出することです。ライティングによって魅力ある夜景をデザインし、地域の自然や街並みに新たな価値を創り出すことで、魅力ある地域づくりにつなげていくことが可能となります。

	日本のお祭りの来場者数ランキング（2016年）		
順位	祭り	都道府県	来場者数
第1位	博多祇園山笠	福岡県福岡市	300万人
第2位	青森ねぶた祭	青森県青森市	276万人
第3位	さっぽろ雪まつり	北海道札幌市	260万人
第4位	仙台七夕まつり	宮城県仙台市	228万人
第5位	日本ど真ん中祭り	愛知県名古屋市	220万人
第6位	YOSAKOIソーラン祭り	北海道札幌市	205万人
第7位	三社祭	東京都台東区	201万人
第8位	博多どんたく港まつり	福岡県福岡市	200万人
第9位	浜松まつり	静岡県浜松市	174万人
第10位	弘前ねぷたまつり	青森県弘前市	168万人

（出典：綜合ユニコム株式会社「月刊レジャー産業資料2016年10月号」）

現　状

　日本には30万以上の祭りがあるといわれ、一年を通じて全国各地で大小の特色ある祭りが催されています。日本の祭りは、「八百万（やおよろず）の神」、すなわち自然と神様に感謝し、生きることを喜び、コミュニティを育てるために行ってきたハレの行事です。祭の起源に遡ると、紀元前の神話の時代、日本最古の歴史書・古事記（712年）に記されている「天の岩戸隠れ」のエピソードが神社の祭りの起源といわれ、神社や寺院を舞台に行事・儀礼としての祭りが始まりました。「祭り」の語源は「まつらふ」で、心を尽くした供え物で神様に感謝を捧げることを意味します。平安時代には神が神社から町に降りられる神輿が登場し、江戸時代には山車や花火、芝居小屋、茶屋などの娯楽も加わり名所・観光地でもありました。主役は神仏から庶民へと変わり、豊作や家族の健康や幸福を祈願し、地域の人々が交流する日本の風物詩的イベントとして定着しています。

　「日本のお祭りの来場者数ランキング」では、古来から続く伝統的な祭りが多くランキングされています。第1位の博多祇園山笠は櫛田神社の奉納神事として700年以上の伝統があり、2016年にユネスコ無形文化遺産に登録された博多を代表するお祭りです。第2位の青森ねぶた祭や第4位の仙台七夕まつり、第10位の弘前ねぷたまつりを始め、秋田竿燈まつり、山形花笠まつりなど、「東北夏祭り」は高い人気を誇っています。

　博多祇園山笠（山笠行事）や京都祇園祭（山鉾行事）、滋賀・長浜曳山祭（曳山行事）、岐阜・高山祭（屋台行事）、茨城・日立風流物、青森・八戸三社大祭（山車行事）など山車が巡行する無形文化遺産である全国18府県33件の伝統的な祭りが「山・鉾・屋台行事」として、2016年にユネスコ無形文化遺産に登録され、世界的に評価されています。国内外からの観光による経済効果が期待できることから、地域が観光客を受け入れる体制づくりが推進されています。

未来戦略

　まつりビジネスの未来戦略は、第1に「訪日外国人観光客：日本の祭りをインバウンド観光振興として取り上げて増加を図ること」、第2に「祭りの活性化：大小さまざまな祭りの魅力を伝え、新たなファンやリピーターの増加を図ること」によって、地域に活気と経済効果を引き起こすことです。

　第1の「訪日外国人観光客」については、訪日中に体験したことのうち満足した人の割合は、「日本の歴史・伝統文化体験」が96.4％と、「日本の日常生活体験」96.9％、「舞台鑑賞」96.8％、「日本食を食べること」96.6％に次いで、大変高いものになっています（観光庁「訪日外国人消費動向調査（2022年）」）。日本全国の祭りを取り入れながら、日本特有の歴史や伝統文化の体験、四季の体験、日常生活の体験を楽しむ多彩なプログラムを世界に向けて発信するとともに、英語、中国語等の観光案内所やお土産コーナーを併設したインフォメーションセンターなどの外国人観光客を受け入れるインフラ施設の設置が必要です。最も重要なポイントは、都心や一般的なゴールデンルートの観光と異なる、島国・日本の狭い国土を活かしたマクロ的・俯瞰的な視点から、外国人観光客の足を日本中にのばし、地域ならではの多彩な「歴史・伝統文化」や「日常生活」を体験できるように、地方へのアクセスルートを開発・可視化していくことです。

　第2の「祭りの活性化」については、全国各地の大小さまざまな特色ある祭りを、しっかりと発信していく事例として「株式会社オマツリジャパン」は、青森ねぶた祭が震災の年も開催されたことに感銘を受けたことがきっかけとなって、「お祭りで日本を盛り上げる」ことを使命に掲げ、世界初の祭り専門会社として2015年に設立され、ポータルサイトからは日本全国の古来から続く伝統的な祭りから地元でしか味わえない旬の祭りまで調べることができます。さらに、少子高齢化による人手不足などを打開するため、主催者側をつなぐサイトを運営するなどの取り組みも行っています。

　祭りは神社が神聖なお参りをする場であると同時に、人々で賑わう盛り場でもあります。祭りなどの文化は、文化財保護法などに従って「保護・保存」するだけでなく、本来時代とともに変わっていくものです。また、祭りほど地域に密着したイベントはなく、最も地域にPRでき、しかも地域の歴史や風習を知ることでもできます。

　祭りの歴史から学んで現代にアレンジし、例えば、納涼祭や境内でフラダンスなどの踊りで奉納したり、カラオケ大会をしたり、人々が集まる寄り合いの場として、時代や地域の人々に合った形にしていく必要があります。そして日本特有の歴史や伝統文化の体験、四季の体験、日常生活の体験を楽しむ新たな価値として世界に向けて発信することです。祭りを「する人」「観る人」がともに日本の文化や地域の祭りの背景に想いを馳せて歴史に触れながら、時代とともに変化させた祭りを創り上げ、地域を知り、地域の人々と関わり交流することが重要です。

4-5 町屋・まちなみビジネスの現状と未来戦略

重要伝統的建造物群保存地区一覧（127地区）

北海道	函館市元町末広町	京 都	京都市上賀茂、同産寧坂、同祇園新橋、同嵯峨鳥居本
青 森	弘前市仲町、黒石市中町		南丹市美山北、伊根町伊根浦、与謝野町加悦
岩 手	金ケ崎町城内諏訪小路	大 阪	富田林市富田林
宮 城	村田町村田	兵 庫	神戸市北野町山本通、豊岡市出石、丹波篠山市篠山、同福住
			養父市大屋町大杉、たつの市龍野
秋 田	横手市増田、仙北市角館	奈 良	橿原市今井町、五條市五條新町、宇陀市松山
福 島	下郷町大内宿、南会津町前沢、喜多方市小田付	和歌山	湯浅町湯浅
茨 城	桜川市真壁	鳥 取	倉吉市打吹玉川、若桜町若桜、大山町所子
栃 木	栃木市嘉右衛門町	島 根	大田市大森銀山、同温泉津、津和野町津和野
群 馬	桐生市桐生新町、中之条町六合赤岩	岡 山	倉敷市倉敷川畔、津山市城東、同城西、高梁市吹屋
			矢掛町矢掛宿
埼 玉	川越市川越	広 島	呉市豊町御手洗、竹原市竹原地区、福山市鞆町、廿日市市宮島町
千 葉	香取市佐原	山 口	萩市堀内地区、同平安古地区、同浜崎、同佐々並市
新 潟	佐渡市宿根木		柳井市古市金屋
富 山	高岡市山町筋、同金屋町、同吉久、南砺市相倉、同菅沼	徳 島	美馬市脇町南町、三好市東祖谷山村落合、牟岐町出羽島
石 川	金沢市東山ひがし、同主計町、同卯辰山麓、同寺町台	香 川	丸亀市塩飽本島町笠島
	輪島市黒島地区、加賀市加賀東谷、同加賀橋立、白山市白峰	愛 媛	西予市宇和町卯之町、内子町八日市護国、宇和島市津島町岩松
福 井	小浜市小浜西組、南越前町今庄宿、若狭町熊川宿	高 知	室戸市吉良川町、安芸市土居廓中
山 梨	早川町赤沢、甲州市塩山下小田原上条	福 岡	八女市八女福島、同黒木、うきは市筑後吉井、同新川田篭
長 野	長野市戸隠、塩尻市奈良井、同木曽平沢、千曲市稲荷山		朝倉市秋月
	東御市海野宿、南木曽町妻籠宿、白馬村青鬼	佐 賀	鹿島市浜庄津町浜金屋町、同浜中町八本木宿
岐 阜	高山市三町、同下二之町大新町、美濃市美濃町		嬉野市塩田津、有田町有田内山
	恵那市岩村町本通り、郡上市八幡北町、白川村荻町	長 崎	長崎市東山手、同南山手、平戸市大島村神浦
静 岡	焼津市花沢		雲仙市神代小路
愛 知	名古屋市有松、豊田市足助	大 分	日出市豆田町、杵築市北台南台
三 重	亀山市関宿	宮 崎	日南市飫肥、日向市美々津、椎葉村十根川
滋 賀	大津市坂本、彦根市河原町芹町地区	鹿児島	出水市出水麓、薩摩川内市入来麓、南九州市知覧、南さつま市加世田麓
	近江八幡市八幡、東近江市五個荘金堂	沖 縄	渡名喜村渡名喜島、竹富町竹富島

（出典：文化庁「重要伝統的建造物群保存地区一覧（2023年12月15日現在）」より）

現 状

　町屋が集中しているエリアでは、文化財保護法（昭和50年に制度発足）に基づいて国が選定した「重要伝統的建造物群保存地区」を中心に、歴史的な環境や風景を活かした観光重視のまちづくりが進められています。「重要伝統的建造物群保存地区」は毎年微増しており、2023年現在127地区となっています。官民が協力し、町屋独特の空間で差別化を図りながら店舗やカフェ、ホテルとして活用し、観光マップやまち歩きイベントなどを通じてエリアとして観光資源化されてきました。本書においては、文化財保護法に指定されているかを問わず、地域の暮らしや風土に深く溶け込んだ日本の各地域の建築物・景観等を町屋・まちなみとして扱います。

　町屋・まちなみを観光資源として活用するには、施設や景観の維持・改修・リノベーションするための資金が必要になります。文化財保護の観点から、国や地方行政の補助金事業の支援対象となりやすい分野ですが、資金調達と広報活動を同時に行えるクラウドファンディングとも相性がよく、古民家（町屋）を店舗にする際に利用され、自治体によってはその補助を行ってきました。

　町屋・まちなみが醸し出す日本独特の景観は、訪日外国人観光客に人気が高く、地方であっても外国人観光客が多く集まる町屋・まちなみもあります。また都市部の人々には昔ながらの日本の暮らしを体験したいというニーズが高く、日本の伝統的な建造物に留まらず昭和レトロな商店街まで、町屋や古民家を宿泊施設に用途変更する事例が増えていました。

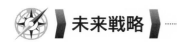

　町屋・まちなみビジネスの未来戦略の第1は、営利と非営利の融合です。行政および住民の手による町屋・まちなみを保存する活動（非営利）と、民間主導の町屋・まちなみビジネス（営利）を融合させて、まちづくり活動として、能動的かつ継続的に行うことです。

　町屋は修繕・維持費がかかるため取り壊しの対象となりやすく、改修・リノベーションをして再利用する場合には建築構造補強に多大な費用がかかります。町屋を保存していくには資金的なハードルが高いため、所有者個人の力だけでは厳しい状況にあります。しかし、町屋・まちなみの文化的価値や地域の景観価値が再認識され、地域住民たちが地域の文化資産として守りたいという思いから、住民参加型まちづくりファンド（基金）や国・自治体の助成や支援を背景に、地域の活性化やまちづくりへの取り組みが行われてきました。町屋をリノベーションすることによって、不動産に付加価値がつき経済活動も促進されるため、能動的に保存・活用が図られやすくなります。また、地域資産として価値を高めることで、地域への愛着や文化の承継につなげることができます。

　「アジアのヴェネツィア」と呼ばれ、まち全体がノスタルジックな雰囲気を醸し出す中国の烏鎮（ウーチン）は、スマートシティ化も進められており、観光エリアと生活エリア（住宅街）2つに分かれ、人が生活している様子を見学することもできます。大阪市の昭和町では、大大阪時代^{だい}に建てられた長屋で構成されたまち全体が、文化財的価値や魅力があることに気づき、外来者と住民が楽しむイベントを開催するなど交流が集う「昭和のまち」として再生しました。熱海（静岡県）では長年シャッター通りとなっていた商店街に新たな魅力を創出するため、クラウドファンディングで資金を募りゲストハウスをオープンし、まちづくりに共感する若者を呼び込みました。

　未来戦略の第2は、イタリアで生まれた地域活性化の取り組み「アルベルゴ・ディフーゾ」が発祥の「分散型宿泊施設」などによる地域経済の循環です。ラスベガスやドバイの巨大ホテルひとつにも満たない客室総数で、その土地ならではの景観や風土、伝統、様式を丁寧に活用し、文化の最上収穫物としてリゾートホテルを世界に展開するアマンリゾーツや、兵庫県丹波篠山市を拠点に一般社団法人ノオトが運営する古民家をリノベーションした宿泊施設・NIPPONIAなど、「まち全体がホテル（まち全体に点在しまちを楽しみ尽くす）」という「地域再生」と「新しい旅のカタチ」に見るような、まち全体で経済を循環させる地域経済循環の考え方が重要となります。

　景観は歴史ある文化資産である一方で、カタチのある地域景観資産です。建造物やまちなみをアートイベントと組み合わせたり、夜景としてライトアップすることで、新たな魅力や価値を創出することもできます。歴史的景観を活かしたまちづくりという視点に立って、「経済的価値と文化的価値が両立する長期的なまちづくりビジョン」を共有し、新たな価値づくりに取り組むことが求められます。

4-6 史跡巡りビジネスの現状と未来戦略

史跡名勝天然記念物の指定件数（都道府県別上位）

	都道府県	史跡	名勝	天然記念物	合計
第1位	奈良県	121	10	18	149
第2位	京都府	85	46	10	141
第3位	福岡県	95	8	24	127
第4位	島根県	58	12	24	94
第5位	山口県	43	11	38	92
第6位	北海道	55	3	33	91
第7位	沖縄県	43	14	33	90
第8位	静岡県	43	9	31	83
第9位	滋賀県	45	22	14	81
第9位	大阪府	70	6	5	81
全国		1,888	427	1,038	3,353

＊史跡名勝天然記念物の件数は、特別史跡名勝天然記念物の件数を含む。

（出典：文化庁「都道府県別指定等文化財件数（2023年12月現在）」より）

現 状

　史跡は、文化財保護法に基づいて指定され、史跡名勝天然記念物のひとつに分類されており、「貝塚・古墳・都城跡・城跡旧宅等の遺跡で我が国にとって歴史上または学術上価値の高いもの」とされています。文化財として特に重要なものを、特別史跡として指定しています。都道府県別の名勝の指定件数では、近畿が上位を占めています。

　本書においては、文化財保護法の史跡に指定されているかを問わず、長い歴史を経て、地域の暮らしや風土に深く溶け込んだ日本各地域の建築物・景観等を史跡として扱います。

　地域の史跡が観光資源として着目されるきっかけは、①NHK大河ドラマなどの舞台・聖地になる、②白川郷や熊野古道のように世界遺産登録される、③兵庫県朝来市の竹田城跡の通称"天空の城"のようにインターネットなどで話題になるなどです。特に、舞台・聖地への巡礼（コンテンツツーリズム）は、映画・TVドラマ、アニメ・ゲーム、小説などのテーマやモチーフとして、歴史的人物や繰り広げられる時代や地域が取り上げられることで、史跡巡りのビジネス機会が広がっていました。

　京都府の伏見稲荷大社の「赤い千本鳥居が続く景色が極めて日本的」などと、訪日外国人旅行者が今まで日本人が感じていない価値を見出し、SNSで発信したことがきっかけで、外国人観光客で年間を通じて訪れ、ネットを通じて口コミで広がることでインバウンドビジネスが創出されてきました。訪日外国人旅行客は2019年に3,188万人になったものの、コロナ禍によりインバウンドは消滅しましたが、2023年（1月-11月）は2,233万人に戻ってきました。史跡を始めとする観光地は、日本の歴史や伝統文化の体験を求める訪日外国人旅行者で賑わいを取り戻しています。

未来戦略

　史跡巡りビジネスの事業主体は、「旅行会社や鉄道会社、宿泊業などの企業」と「自治体や地域事業者、地域住民を中心とする団体」の２つにより取り組まれてきました。

　「企業が行う史跡巡りビジネス」は、旅行会社や鉄道会社等が注目度の高い史跡を集客コンテンツとして活用し、史跡を巡るツアーを企画して商品として販売し、一方で地域の宿泊業や小売・サービス業が史跡をプロモーションに活用し、それぞれが補完し提携関係を築いてきました。

　「地域が行う史跡巡りビジネス」は、世界遺産登録、NHK大河ドラマ、ネット・口コミなどによる「○○ブーム」などから注目され、地域の史跡にまつわる話題が高まった際に、短期的な経済効果を狙い、関連する観光商品やサービスをいち早く開発し、メディアやホームページ・SNSなどを活用したプロモーションを展開してきました。しかしコロナ禍により、NHK大河ドラマなどをコンテンツとしたプロモーションが観光客誘引につながらず、観光関係者にとって大きな期待外れとなりました。

　2023年放送のNHK大河ドラマ『どうする家康』は、愛知県が主人公の徳川家康の生まれ故郷であり、岡崎城や名古屋城といった家康にゆかりの深いスポットが多数存在していることから、プロモーションに頼ることなく、愛知県内へ訪れる観光客の増加が見込まれ、393億円の経済波及効果が期待されています（三菱UFJリサーチ＆コンサルティング株式会社試算）。

　コロナ後は従来の不特定多数を呼び込むような一過的な観光ビジネスは戻ってこないと予想されます。これからの史跡巡りビジネスの未来戦略は、文化感度の高い個人旅行や愛好家、その史跡のファンやリピーターなど特定の顧客に長く支持されることです。そのためには地域資産である史跡を「地域価値」として磨き上げる取り組みが求められています。

　「地域が行う史跡巡りビジネス」に、例えば奈良県明日香村の取り組みがあります。1980年に通称明日香村法が制定されて以来全域が景観規制され、「日本の原風景」が現存しています。近代化や地域開発から保護されたため、地元産業の衰退が著しく、地域経済の活性化と雇用の創出が課題となっていましたが、地域創生に向けて、単なる史跡巡り観光を超えた教育旅行を通じて、①「日本のはじまりの地」という唯一無二の強みを活かした歴史文化の学びをもとに、②食育（食と農を知る）と③交流（ホストファミリーと暮らす）という体験価値を提供することで、人間力（コミュニケーション力）を養う「大和・飛鳥民家ステイ」事業として展開しています。

　コロナ後の史跡巡りビジネスの未来戦略は、史跡にまつわる衣食住の文化や風習が生まれた背景をもとに、その地域全体を舞台として展開することで、現代社会の課題やニーズに応えた新たな価値を創造するといった視点が欠かせません。また、話題性を呼ぶだけの奇抜なプロモーション映像ではなく、史跡を巡る文化性の高いコンテンツを日本や世界に配信し続けることも重要です。

ふるさと納税の受入額及び受入件数の推移（全国計）

（出典：総務省「ふるさと納税に関する現況調査結果（令和5年度実施）」より）

現　状

　地域おこし型観光ビジネスとは、地域の自治体や団体、積極的にまちづくりに取り組む人々が中心となって、地域の魅力を高め認知浸透を図り、地域への観光を誘発するビジネスです。地域の潜在的な資産を見つけ出して光を当て、新たなカタチを創り出して、それを体験できる土壌づくりを継続的に行うことによって地域外から人が訪れ、地域との交流と地域経済循環が活発化し、地域の活性化と生活の質の向上につなげることを目指しています。

　コロナ禍前に活況を呈していたB級グルメや百貨店での物産展や駅弁フェア、都心部のアンテナショップなど、地域を知ってもらう地域おこし型の催事やショップイベントも復活しだしました。今後その地域に観光客として訪れたり、地域に関心を持つ機会になると期待できます。

　ふるさと納税制度は、都市と地方の税収格差の是正と応援したい地域への寄付文化の醸成を目的に設立されましたが、各自治体がより多くの税収を獲得するための豪華返礼品競争が過熱したことで、2019年から「返礼品は寄付額の3割以下の地場産品」に限定され、2023年から「返礼品（熟成肉と精米は同一都道府県内産）＋経費（仲介サイト手数料や送料）の総額は寄付額の5割以下」に厳格化されました。しかし、2022年度のふるさとの納税の受入金額は1兆円に迫る9,654億円、控除適用者数は891万人と過去最高となり、国民生活に広く普及するようになりました。

　また、その地域をより知りたい、行ってみたいという観光客誘引をするために自治体が制作しているPR動画も地域おこし型観光ビジネスといえます。動画サイトやSNSで拡散し話題になり多くの人の目に留まることから、コロナ禍前は、外部のコンサルファームや広告代理店に任せ、有名人の登用や自虐的・面白プロモーションを行うなど本来の目的を逸脱したPR動画も散見されましたが、コロナ禍を経て、地域の自然や文化などの地域の魅力あるコンテンツを深く発信しています。

未来戦略

　地域の知名度を上げることの本来の目的は、他の地域からの関係人口を増加させ、地域を活性化させることです。地域おこし型観光ビジネスの基本は、地域の自治体が中心となって、日本国内外の観光客に対して、その地域の四季折々の景観や街並み、歴史・文化、郷土料理や名産品などの地域の魅力に関心を持ってもらうための機会や質の高いコンテンツを増やすことです。

　関係人口や交流人口の増加と地域活性という本来の目的・原点に立ち返り、地域が主体となり、誘引したい関係・交流人口、さらに移住・定住してほしい人々にターゲットを絞り、それらの人々が互いに魅力ある地域資産や価値を共有し、費用対効果の高い情報発信をすることが重要です。

　コロナ後の地域おこし型観光ビジネスの未来戦略は、規模の経済を追求する従来の「大衆観光」から、『住んでよし訪れてよしの国づくり』といった観光の原点に立ち返ることです。都市部では遭遇することが難しく、旅行会社のツアーでは提供できない非再現性の高い「本物の自然の恵みや文化、心身共の健康」に触れる交流の場の開発と情報発信が必要です。

　ふるさと納税の返礼品は、市場原理や顧客視点のマーケティングに基づいた地場産品の開発につながります。地域ならではの組み合わせと「食の楽しさや選ぶ楽しさ」が提供できる地場産品セットやその体験クーポンなど「モノとモノ、モノとコト」を組み合わせた、ふるさと納税限定の希少性の高い「特別」の開発などユニークな発想が重要です。さらに、ここだけでしか販売しない限定商品をつくり、わざわざ買いに来てくれるような仕組みも有効です。

　ふるさと納税は地域の特産品を知ってもらうきっかけです。返礼品を一般市場に導入・展開するためのテストマーケティングや商品のブラッシュアップが、地域のブランド力を高め、観光客（関係人口）誘引との相乗効果を高めます。返礼品という限定市場から一般市場へのリピート購買につなげ、地域へ実際に足を運びその地域をよく知ってもらうことで、「交流・関係」→「短住・仮住」→「移住・定住」促進も期待できます。

　コロナ禍以降、オフィスの分散化やサテライト、テレワーク（在宅勤務）が常態化しています。本社やサテライト、ワーケーション人材とのコミュニケーションが即座に可能となっています。デジタル田園都市国家構想のもとでデジタル実装し、地方が抱える課題を解決する一方で、アナログ・本物の自然・健康を満喫できる「ON-OFF」の環境や施設づくりも要求されます。

　そして、『住んでよし訪れてよしの国づくり』という原点に立ち返り、持続可能な地域社会・経済を創出するという視点が重要です。観光客などの関係人口を、地域づくりに参画する人材として育て上げるためには、地域資源（自然・文化）を活用したモノ・コト開発や新たな顧客や販路の開拓など、稼ぐ力のある産業振興を官民一体となって推進することがポイントとなります。

第 **5** 節

レジャー・サービス関連観光ビジネス

5-1 ▶ **テーマパーク・遊園地ビジネス**の現状と未来戦略

5-2 ▶ **ブライダルビジネス**の現状と未来戦略

5-3 ▶ **農林漁業観光ビジネスの現状と未来戦略**

5-4 ▶ **アドベンチャーツーリズムビジネス**の現状と未来戦略

5-5 ▶ **温泉施設ビジネス**の現状と未来戦略

5-6 ▶ **エステ・リラクゼーションビジネス**の現状と未来戦略

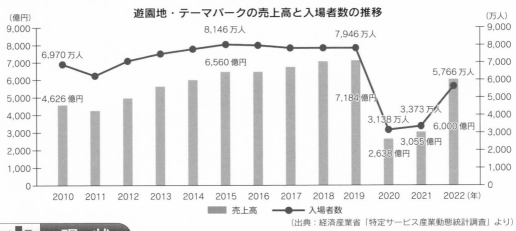

遊園地・テーマパークの売上高と入場者数の推移

（出典：経済産業省「特定サービス産業動態統計調査」より）

現　状

　コト消費を代表するレジャー産業であるテーマパーク・遊園地ビジネスは、新型コロナウイルス感染拡大前の2020年、2021年と2年連続の低水準で推移しましたが、2022年には入場規制が緩和され、全体的に業績が大きく改善しました。経済産業省「特定サービス産業動態統計調査」によると、2022年の売上高は6,000億円と2021年の3,055億円に比べ、97.2％増と大幅に増加しました。

　売上高回復の要因として入場者数の増加があります。2022年のテーマパーク・遊園地の入場者数は5,766万人と前年に比べ71.8％増加しました。背景にはコロナ禍時の行動制限が解除され外出機会が増えたこと、また水際対策の大幅緩和と円安メリットによりインバウンドが増加したことがあります。また、客単価の向上も要因に挙げられます。入場料の値上げや変動価格制の導入のほか、パーク内の物販・飲食の単価向上によるものと考えられます。なお、業界売上高トップの株式会社オリエンタルランド（東京ディズニーリゾート）が発表した2022年度の客単価は過去最高の15,748円となり、2020年の11,504円と比べて36.3％増加しました。

　2023年6月、東京都練馬区の「としまえん」跡地に「ワーナーブラザース スタジオツアー東京 - メイキング・オブ・ハリー・ポッター」がオープンしました。さらに、2024年3月には東京港区に世界初の完全没入（イマーシブ）体験ができるテーマパーク「イマーシブ・フォート東京」、同年6月には東京ディズニーシーの新エリア「ファンタジースプリングス」、2025年には沖縄県北部に自然体験をテーマとした「ジャングリア」が開業するほか、2031年には神奈川県横浜市に東京ディズニーランドと同規模の次世代型テーマパーク「KAMISEYA PARK（仮称）」の建設が予定されています。

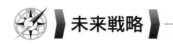

未来戦略

テーマパーク・遊園地は、観光客の体験価値向上や観光消費増加をもたらす重要な観光コンテンツです。業界全体で見るとポストコロナの回復は順調で、大型テーマパークの開業・建設など、明るい話題が続いていますが、一方でブランド力の弱い地方や中小のテーマパークや遊園地は、地域の人口減少や少子高齢化、装置・設備の老朽化といった課題を抱えており、業績の二極化が進むと予測されています。本稿では、地方・中小のテーマパーク・遊園地の価値を高める未来戦略として「地域独自の魅力や特徴を活かす場づくり」をテーマに方策を提案します。

短期的な取り組みとしては、地域のグルメや特産品を楽しめるよう、飲食・物販を充実させることで、地元住民や観光客にも親しみやすい空間を創り上げます。時としてキッチンカーのような移動販売車を施設内に集合させて、空間を盛り上げます。

中長期的には、地元の自然や文化、風土をテーマに、他にはないオリジナリティのあるアトラクションやイベントを検討します。検討に際して、地元の住民や教育機関、事業者を含めたワークショップやタウンミーティングを開催するとよいでしょう。住民参加型のプロジェクトは、地元住民のニーズを拾うだけでなく、施設ロイヤリティを育てつつ、住民や地元事業者等と協力関係を構築しながら進めることができる点がメリットです。遊園地・テーマパークが地域のランドマークとなり、地域一体となって魅力あるまちづくりを推進することで、模倣困難な独自要素をもって事業の持続可能性を高めます。

これらの取り組みを支えるためには、DX化を推進し、収益力を高めることが重要です。元来、天候や気温の変化の影響を受けやすい業種であり、特に寒冷地域では冬季に閉園や開園時間の制限を余儀なくされるもしばしばです。例えば、VR（バーチャルリアリティ＝仮想現実）やAR（オーグメントリアリティ＝拡張現実）など最新技術を活用した全天候型アトラクションの造成が考えられます。また、天候予測と連動した価格変動チケットの販売、雨の日・雪の日特典・割引制度の導入、それらを専用のモバイルアプリ等でターゲットに合わせてタイムリーに情報発信します。

さらに、施設内のキャッシュレス化やオンライン予約システム、内部の勤怠管理や仕入・発注業務などさまざまな場面でDX化による業務効率化を図ることで、新しいサービスの開発や限られた人材での効率的な運営を実現します。

5-2 ブライダルビジネスの現状と未来戦略

ブライダル関連市場規模（主要6分野計）推移

注1. 新婚家具は末端価格ベース、ブライダルジュエリーは小売金額ベース、その他は事業者売上高ベース
注2. 市場規模は、挙式披露宴・披露パーティ、新婚家具、新婚旅行、ブライダルジュエリー、結納式・結納品
　　 結婚情報サービス・仲介業の主要6分野を対象とする。
注3. 2022年見込値、2023年予測値

（出典：株式会社矢野経済研究所「2022年版 ブライダル産業年鑑」より）

現　状

　ブライダル業界は、少子高齢化・晩婚化・未婚率の上昇により、市場が緩やかに縮小傾向にあるといわれています。2020年、2021年は新型コロナウイルスの流行が重なり、市場規模が約半減したものの、2022年以降は1兆円の市場規模へ回復し、新型コロナウイルス感染症の第5類移行に伴い市場は回復傾向にあります。株式会社矢野経済研究所が発表した国内のブライダル関連市場規模（主要6分野計）によると、2023年度は2兆円規模に回復すると予測されています。

　また、ワタベウェディングによる20代〜30代の400名に聞いた「新婚旅行とフォトウェディングに関する調査」では、81％が新婚旅行を希望しており、場所は1位「ハワイ」（49.4％）、2位「沖縄」（36.4％）、3位「ヨーロッパ」「北海道」（ともに29.3％）という結果が出ています。コロナ禍で新婚旅行を諦めていたカップルにも動きが見えており、新婚旅行市場は持ち直しの動きが広がっています。

　なお2022年9月、「ウェディング業界の維持・発展」「業界における連携強化、政府、各自治体との連携強化」「婚姻数、結婚式数の増加を通じた少子化対策、地域活性、観光文脈での日本社会・経済の持続的発展への寄与」を目的に、一般社団法人未来ウエディングJAPANが設立されました。2023年12月現在、180社以上が加盟し、業界として横のつながりを深め、団体の活動や発信を行うことで、業界の活性化を図っています。

⊗ ▌未来戦略▐ ....

　コロナ禍を経て、よりオリジナリティのあふれるブライダルスタイルが注目を集めています。これまでの定番であった「神前式」「仏前式」「教会式」「人前式」のほか、「家族婚」「オンライン結婚式」「ナイトウェディング」「ガーデンウェディング」など伝統や格式にとらわれない個性的なウェディングスタイルの人気が高まっています。特にコロナ禍において、密を避ける理由から招待客を縮小せざるを得なかったことで、より小規模なウェディングを望む傾向が高まりました。近年は日頃SNSを利用する若い世代を中心に「フォトウェディング」が人気を集めており、金銭的な理由で挙式はしなくても、「フォトウェディング」は行うというカップルが増えています。

　以下、フォトウェディングを中心に未来戦略を考えます。

　「フォトウェディング」のメリットは何といっても「準備が楽」なことでしょう。挙式のように数か月前から準備をする必要がなく、気軽に実行できるのが魅力です。写真スタジオやホテル・結婚式場に留まらず、全国各地の海や山、街中や美術館などが撮影スポットになります。観光地で浴衣を借りて街歩きをするように、現地で衣装を借り、ヘアメイクを施し、撮影します。撮影後は、現地の食やアクティビティなどで滞在時間を楽しみながら、数日間過ごすといった「観光フォトウェディング」も提案できれば、地域経済に大きく貢献し、「稼げる地域」の実現も期待できます。

　足元の円安のメリットを生かして、訪日外国人旅行客に向けて日本のフォトウェディングをPRすることもできるでしょう。島根県松江市のウェディング会社「マリエ・やしろ」は、松江市などと連携して台湾からのカップルを招いてモニターツアーを開催したことでニュースになりました。3日間の日程で、日本の文化や歴史を体験しながら、玉造温泉や松江城、美保関などで撮影を行い、2024年春以降に具体的な旅行商品として販売する予定です。

　新婚旅行やリゾートウェディングだけでない、地域の良さを生かしたブライダルツーリズムとしての「観光フォトウェディング」を開発・提供するには、ウェディングプランナーやウェディング事業者が、各地の観光協会や宿泊業、交通事業、飲食業、土産物事業者など観光事業者等と地域内連携することが不可欠です。地域にある資源を生かし、地域を挙げて祝福することで、地域住民とつながり、地域の温かさを感じ、再び訪れたくなる場所として記録にも記憶にも残るフォトウェディングを提供することができます。

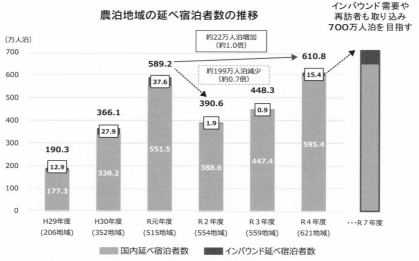

農泊推進対策採択地域の状況（2021年度末時点累計）

農泊地域の延べ宿泊者数の推移

インバウンド需要や再訪者も取り込み700万人泊を目指す

（出典：農林水産省「農泊をめぐる状況について」（2023年11月24日）より）

現　状

　農林水産省と観光庁は、2014年に締結した「農観連携の推進協定」の中で、グリーンツーリズムと他の観光の組み合わせによる新たな観光需要の開拓、農林水産物を活用した魅力向上、多様な食文化や世界農業遺産など地域資源の発信強化、訪日外国人旅行者へのプロモーションなどを課題として挙げています。

　2023年11月24日発表の農林水産省「農泊をめぐる状況について」によると、農泊の延べ宿泊者数はコロナ禍前の589万人泊を上回り、610万人泊となりました。今後は、インバウンド需要や再訪者を取り込み2025年度には700万人泊を目指しています。

　「観光立国推進基本計画」（2017年3月閣議決定）にて掲げられた「農泊推進対策採択地域」は、目標の500地域を大きく上回り、2022年度末時点で621地域となりました。

　都市住民と農山漁村をつなぐ一般財団法人都市農山漁村交流活性化機構（まちむら交流きこう）のポータルサイトには、2023年12月現在、農家民宿108件、農業体験39件、農家レストラン1,016件、直売所2,071件、廃校活用125件が掲載されています。また、2023年7月13日、第19回オーライ！ニッポン大賞の表彰式が行われ、特定非営利活動法人グリーンウッド自然体験教育センター（長野県 泰阜村）がグランプリを受賞しました。

　ウェルビーイングなど価値観が多様化する中、いかに農山漁村の魅力を発信し新たな生活様式に合った国内外の需要を取り込んでいくかにヒントがあります。

未来戦略

　農林漁業観光ビジネスの未来戦略は、「気軽に農業を楽しんでもらう」活動やライフスタイルの変化に合わせて「農業を深く楽しんでもらう」活動など、より付加価値の高いサービスを提供することです。

　訪れる人々に「気軽に農業を楽しんでもらう」には、地域の魅力を引き出すことです。

　株式会社AOBEATは、「絶景の茶畑テラス」と称し、静岡県内6か所で新しい「茶の間」体験を実施しています。富士山の麓や雲海を望む絶好のロケーションを活かした茶の間体験だけでなく、「茶畑のプライベートウェディング」といったコト体験を仕掛けています。狭山茶で有名な埼玉県入間市では、2022年10月1日に「おいしい狭山茶大好き条例」を施行し、地域の魅力を発信しています。2023年10月には、入間市茶業協会主催で、「秋のお茶屋さんスタンプラリー　秋散歩」を開催し、お茶屋さんや茶畑との交流を図りました。どちらの事例も、日本茶をただ飲むだけでなく、五感で味わう体験を提供する好例となっています。

　「農業を深く楽しんでもらう」活動には、農泊で魅力を味わってもらうことです。

　広島県竹原市の農ライファーズ株式会社は、「限界集落を農のチカラで笑顔の集まる場所にする」という理念のもと、「田万里家 Tamari Ya」という農体験宿を開業しました。代表者は東京の広告業界での経験なども活かしながら、農業体験を中心とした農泊だけでなく、米粉ドーナツの販売から人材育成までいろいろな手段を通じて農業をオモシロく伝えています。宮城県石巻市のゲストハウスみらい（石巻みらい農泊推進協議会）は、東日本大震災で被災後、内閣府「復興支援型地域社会雇用創造事業」で起業しました。震災前まで水産物加工会社を経営していたため、水産業と石巻を想う気持ちは人一倍強く、都会では味わえない石巻体験を提供しています。

　農林漁業の魅力を伝えるには、その仕組みも工夫が必要です。

　ル・クロ グループ　オーナーシェフの黒岩功さんは、2023年夏に、大阪府貝塚市に「温泉付きグループホーム」を開設しました。自然の中で温泉を楽しみ、"働く"と"住む"を支援する障がい者グループホームで、働きながら料理や農業を学び、自立した生活習慣を身に付けてもらいます。

　わが国の豊かな自然環境がもたらす農林漁業という地域資源にいち早く気づき磨き上げ、これまで交わることのなかった地域内外のヒト・モノ・コトが連携し、移住やワーケーションにもつながる新たな観光スタイルを提案できるかが重要となっています。

国内アウトドア用品・施設・レンタル市場規模推移・予測

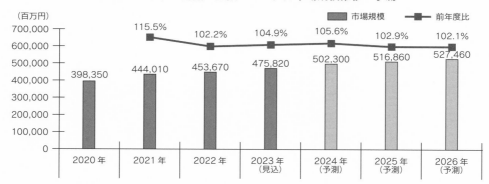

注1. アウトドア用品・施設・レンタル市場は、アウトドア用品（アパレル・用具）市場とアウトドア施設市場、アウトドア用品レンタル市場の合算値。
アパレル市場および用具市場はメーカー出荷金額ベースで、施設市場は宿泊費を含む施設利用料ベース（施設でのレンタル料や物販売上高は
含まない）で、レンタル市場はアウトドアレンタル事業者および施設運営事業者のレンタルサービス利用料ベースで算出した。
注2. 2023年度は見込額、2024年度以降は予測値

（出典：株式会社矢野経済研究所調べ）

現 状

　アドベンチャーツーリズムとは「アクティビティ、自然、文化体験の3要素のうち、2つ以上で構成される旅行」のこと（Adventure Travel Trade Associationによる定義）で、アウトドアレジャーをさらに発展させた、旅行者が地域独自の自然や地域のありのままの文化を、地域の人々とともに体験し、旅行者自身の自己変革・成長の実現を目的とする旅行形態です。

　「アウトドア用品・施設・レンタル市場規模」（株式会社矢野経済研究所）は、2022年度4,537億円（前年度比102.2%）、2023年度の見込みは4,758億円（同105.6%）と推計されています。「オートキャンプ白書2023」（一般社団法人日本オートキャンプ協会）による2022年のキャンプ参加人口は650万人（前年比86.7%）と減少しましたが、全国のオートキャンプ場の平均稼働率は、2021年に続き2022年も連続増加しています（20.7%増）。ソロキャンプ（1人での利用）が増えているためと推測され、身近なアクティビティ・レジャーとして恒常的に楽しむ利用が増加しているといえます。

　川・湖・海、野・山・森林、空・星・雪のアクティビティが楽しめるスポーツ体験型リゾートやキャンプ場、バンガロー、コテージ、グランピングなどのアウトドア施設が人気を集めています。

　滋賀県米原市にある敷地面積約22ha、観光入込客数約8万人（2018年度）のアウトドアレジャーとスポーツの広大な複合施設「グリーンパーク山東」では、高い稼働率を誇るグランピングやコテージ・ヴィラ、オートサイト、フリーサイト、露天風呂が入浴できる和室など多様な宿泊施設で構成されています。新アスレチック「フォレストアドベンチャー米原」を2023年に開始し、子ども向けのアクティビティをさらに充実させ、体験型のレジャーが楽しめます。

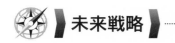
アドベンチャーツーリズムビジネスの未来戦略は、次の3つの戦略が重要となります。

第1の戦略は、ライトアウトドア市場における新しい顧客層を開拓することです。新型コロナウイルスの影響から、3密を避けられるレジャーとしてキャンプを中心としたアウトドア市場が拡大しましたが、2022年のキャンプ参加人口は650万人と全人口の6%程度で、まだまだ多くの未経験者が存在し、これらの層を新たな顧客として取り込むことです。

アウトドア製品を販売する株式会社スノーピークはキャンプ用品一式をレンタルする「手ぶらCAMP」を展開し、スタッフによる設営補助も提供しています。このようなキャンプの敷居を下げるサービスは、新たな顧客層を開拓するうえで有効な手立てであると考えられます。さらに、グランピングやコテージ、ヴィラ、バンガローなど多層的な自然体験型宿泊の楽しみ方を提供できれば、多様なニーズに応えるとともにリピート客を取り込むことも可能になります。

第2の戦略は、体験施設・プログラムを充実させて付加価値を向上させ、リピーターを獲得することです。四季折々の美しい「自然」×「アクティビティ」を軸に、「遊具、アスレチック施設、牧場等の施設」の整備や、「星空観察、川・海遊び、キャンプ講習、カヌー・カヤック体験」などの体験プログラムを充実させ、キャンプやヴィラなどの体験型宿泊と組み合わせてレジャーとしての付加価値を向上させることは、新規顧客層の開拓だけでなく、リピーターの獲得に有効な手段と考えられます。

そして第3の戦略は、回復しつつあるインバウンドへのアウトドアレジャーのニーズを捉えることです。外国人旅行客は2019年に3,188万人になったものの、コロナ禍によりインバウンドは消滅しましたが、2023年（1月−11月）は2,233万人に戻ってきました。そうした中で、自然や歴史・伝統、生活文化などの体験型観光を志向する外国人旅行者も増えています。こうした流れを背景に、日本の大きな強みである「自然」をコンテンツに、「アクティビティ」と「文化体験」を掛け合わせることにより、アドベンチャーツーリズムビジネスは、高い成長の可能性を有しています。例えば、良質な雪質を求める外国人旅行者（スキーヤー）が訪れる「北海道のニセコリゾート」、歴史と文化に裏打ちされた熊野古道を歩く「熊野古道　巡礼の旅」などは、そのターゲットが期待することを明確にした「体験コンテンツの充実」「受け入れ体制の整備」などに取り組むことによって、インバウンドを呼び込んでいます。

わが国は豊富かつ多様な「自然資源」を全国各地に有しています。各地域がそれら独自の観光資源を活かし、地域独自の「自然」や地域のありままの「文化」を、地域の人々とともに「体験」できる希少で醍醐味のある新たなアドベンチャーツーリズム価値を創造できれば、地域の誇りになり、地域経済の活性化や雇用の創出にもつながります。

5-5 温泉施設ビジネスの現状と未来戦略

年度別温泉利用状況（宿泊施設数、利用者数、公衆浴場数）

（出典：環境省「2022年　環境統計集　温泉利用状況」より作成）

現 状

　環境省の統計によると、温泉がある宿泊施設数は2018年度に減少傾向に歯止めがかかりましたが、2020年以降は再び13,000軒を割り込みました。また、宿泊延べ利用者数はこれまで12,000～13,000万人台にて推移していましたが、コロナ禍により、2020年度以降は8,000万人を下回っています。

　温泉地への客層は近年、団体旅行から多様な価値観を持つ個人旅行に変化してきました。その変化を捉えて新しいコンセプトを提案した温泉地、宿泊施設の業績は好調です。具体的には温泉地全体で非日常の空間・時間を提供する湯布院（大分県）や黒川温泉（熊本県）、富裕層に新たな付加価値を提供する星野リゾートの高級温泉旅館「界」などです。

　温泉利用の公衆浴場数は1990年に約3,300施設でしたが、2000年以降に都市部近郊を中心とした日帰り温泉テーマパークの開業で大幅に施設数が増加しました。その後、東日本大震災の影響で一旦減少し、2021年も7,769施設と微減の状況です。近年では大阪ベイエリアに安土桃山時代をコンセプトにした「空庭（そらにわ）温泉OSAKA BAY TOWER」、羽田空港第3ターミナルの「泉天空の湯」、プロ野球日本ハムファイターズの本拠地エスコンフィールド北海道内の温泉「TOWER11」など、今までにない異空間を楽しめる温泉施設が誕生しています。

未来戦略

　観光においても安心・安全はすべてに優先されるべきですが、アフターコロナにおいても利用者は「衛生面」を重要なホスピタリティ要素として引き続き意識すると考えられます。したがって、「衛生面」対策は感染症拡大期の一時的な対応に留まることなく、従業員への周知・徹底と定期的な菌管理、そして利用者への継続的な発信が重要です。その中、温泉施設ビジネスの未来戦略については、(1)貴重な温泉資源に新たな付加価値をつけること、(2)海外観光客の温泉ニーズを捉えること、が重要です。

(1)貴重な温泉資源に新しい付加価値をつけること

　日本では温泉入浴そのものを愛好する傾向がありますが、「温泉という資源に新しい付加価値を組み合わせる」ために、温泉を中心とした長期滞在型のリゾート地としての地域整備や、アウトドアスポーツを始めとするスポーツツーリズムやアドベンチャーツーリズムの取り込みなどが考えられます。北海道登別温泉では、団体客の周遊型観光から個人客の滞在型観光へターゲット層を移しており、地獄谷の「鬼」をテーマとして、ハード面では高温110度の鬼サウナの設置や、ソフト面では鬼の伝説と温泉歴史を案内するガイドツアーなどを企画して外国人客の滞在型観光を誘引しています。

(2)海外観光客の温泉ニーズを捉えること

　観光庁「訪日外国人消費動向調査(2022年)」によると、外国人が日本で次回訪問時にしたいことで「温泉入浴」は第4位で人気です。「旅館に宿泊」、「日本の歴史・伝統文化体験」も高い支持があります。温泉施設ビジネスにおいては、温泉文化の体験などのコンテンツを組み合わせたサービスを開発し、インターネットを通じて海外に発信することが、今後の本格的なインバウンド復活に向けて有効な手段となります。情緒あふれる街並みが人気の兵庫県城崎温泉は2011年から2019年の8年間で外国人観光客が45倍と急増しました。城崎温泉には家族経営の小さな宿が多く団体客の受け入れが難しかったことから、以前より個人客にターゲットを絞っていましたが、来訪客に対する家族や友人のようなおもてなし、浴衣や下駄での外湯めぐりが人気でリピーターが多く、SNS拡散による新規訪問客も増えているのが特徴です。

　以上に加えて、温泉施設全体の清掃と消毒など衛生面に対してスタッフ一同で徹底して取り組むとともに、地域の観光資源や自然環境と連携して地域全体の健康と安全に寄与している姿をWebサイトやSNSで積極的に発信することが有効なプロモーションになると考えます。

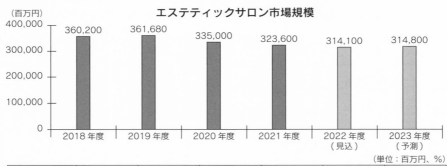

5-6 エステ・リラクゼーションビジネスの現状と未来戦略

エステティックサロン市場規模

（百万円）

	2018年度	2019年度	2020年度	2021年度	2022年度 （見込）	2023年度 （予測）
市場規模	360,200	361,680	335,000	323,600	314,100	314,800
前年度比	100.6	100.4	92.6	96.6	97.1	100.2

（単位：百万円、％）

注1. 事業者売上高ベース
注2. 2022年度は見込額、2023年度以降は予測値
注3. エステティックサロン市場には、国内の店舗型エステティックサロンで提供する施術（美顔・痩身・ボディ、脱毛、メンズエステ）と付帯する
　　物品販売・その他サービスが含まれる。なお、セルフエステ、訪問エステ、理美容エステ、マディカルエステなどは対象外としている

（出典：株式会社矢野経済研究所「2021年版 エステティックサロンマーケティング総鑑」より）

現 状

　エステティックとは、全身美容のことで、手技や化粧品・機器を用いて、人の皮膚の手入れ、体型を整える、リラクゼーション（心身ともに緊張をほぐし、ゆったりとした気分で過ごす癒しの状態）等の施術および指導のことです（一般社団法人エステティック協会）。

　エステティックサロンの市場規模は、3年連続縮小傾向にあります。2022年度のレディス施術市場（美顔・痩身・脱毛等）は2,055億円と65.4％を占め、続いて物販市場990億円、メンズエステ市場96億円となっています。ウクライナ情勢や円安の影響から生活必需品などの物価上昇が進行し、可処分所得が減少する中で、男性に比べて年収が低い女性がエステ関連の支出を増やすことは、厳しい状況が続くと見込まれます。

　一方、メンズエステは、これまで美意識が高く金銭的、時間的余裕のある一部の大人層に限定されていましたが、新たに20～30歳代を中心とする美意識の高い男性客が増加しています。業界の成長には新規顧客の開拓が不可欠ですが、メンズエステは一時的な流れではなく、中長期的に定着を見込める新たな顧客層の広がりに大きな期待が持てます。

　温泉で温まった身体はエステの効果を高めてくれ、心身のリラクゼーションと美容に役立ちます。沖縄は「癒しの島」として、身体の健康と精神的・情緒的な健康を、沖縄の自然、歴史、文化を通じて体感してもらえるよう取り組んでいます（沖縄県エステティック・スパ協同組合）。また、韓国・ソウルは、美容とウェルネスの中心地として知られています。最新の美容技術と伝統的な韓国の美容法を融合させた施術を特徴としており、旅行中のリラクゼーションに最適です。

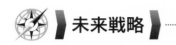

未来戦略

エステ・リラクゼーションは、ストレス過多の現代人にとって不可欠の場所です。またスマートフォンやパソコンを日常的に使う現代の生活において、頭痛や肩こりによる慢性疲労を解消したいというニーズは増加しています。日常的に美と健康を叶えるカウンセリング機能を備えたサロンが求められる一方で、非日常における癒やしについても根強いニーズがあります。エステ・リラクゼーションビジネスの未来戦略は、日常と非日常の2つの側面からの戦略が重要となります。

日常生活における未来戦略は、エステは女性のもの、というイメージから発展し、男女ともに気軽に通える場所として定着してきたという昨今の社会環境を踏まえ、男性が通いやすいメンズエステのメニューを拡充することです。具体的には「20歳代男性向けの脱毛」や「40歳代後半男性の更年期対策」といったように年代やニーズに特化した主要サービスを作り、各サロンの特長を打ち出します。ターゲットが何に悩んでいるのか、どんなことでエステに通いたいと思うのかなど行動調査や動機分析を行い、深いインサイトを得てキャッチコピーを作ります。新市場創造のためプロモーションにはコストをかけ、啓蒙の要素も含んだ広告等で市場を開拓していきます。

さらに進んで期待できるのは男女の同時利用です。男性の「処理が面倒くさい」という合理的な理由に加え、女性もきれいな男性を求める傾向は今後も加速することが予想されます。そこで、カップルで通えるエステメニューを開発し、「2人で同時にキレイになれる」というベネフィットを提供します。さらにカップルを対象にしたサービスとして、「カップルセラピー」といったネーミングで、お互いのリンパの流れを良くするためのマッサージ方法を教える講座なども考えられます。

非日常における未来戦略は、コロナ禍により「好きなときに好きなところに行けない」といった事態を経験した私たちは、旅（＝非日常）への渇望感を顕在的に認識するようになりました。「せっかく出かけることができた貴重な機会に、普通では体験できない究極のリラクゼーションを経験したい」といったニーズは、今後も増加すると予想されます。

四季折々の「自然」やオーガニックで新鮮な「食」などその地域ならではの魅力的なコンテンツに、温泉（スパ）やアロマ、エステティックによる「リラクゼーション（心身の癒しと美）」、ウォーキング、ジョギングなどの「ヘルスケア（心身の健康）」を組み合わせ、総合的な「ウェルネス＆ビューティ（心身の美と健康）」プログラムとして醸成します。

心と身体に芯からの癒しや健康で美しい生活をもたらし、顧客のウェルビーイングに貢献することが、エステ・リラクゼーションビジネスの今後の成長には不可欠です。特に非日常においては、美しい自然環境の中で、心身ともに満足できる体験サービスを育てることが、ますます重要となります。

第 **6** 節

飲食・土産関連観光ビジネス

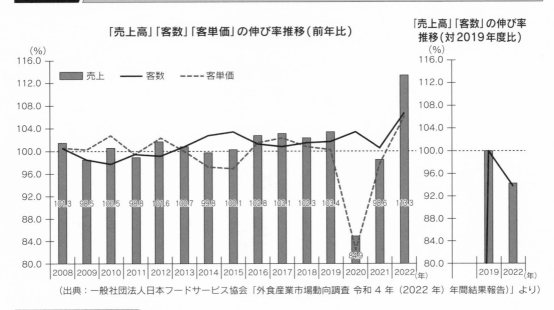

「売上高」「客数」「客単価」の伸び率推移（前年比）　　「売上高」「客数」の伸び率推移（対2019年度比）

（出典：一般社団法人日本フードサービス協会「外食産業市場動向調査 令和4年（2022年）年間結果報告」より）

現　状

　新型コロナウイルス感染症拡大に対応するため、国から営業停止を要請された飲食業界は、2020年に売上高、客数ともに大幅に減少しました。2021年も引き続き厳しい状態が続きました。そして、2022年には前年と比較して、113.3％と大きく回復しましたが、コロナ禍前の2019年と比較すると売上高は94.2％となり、完全な回復とまでは至っていませんでした。

　コロナ禍において時短要請が長引くことによって、消費者は早めに帰宅をする習慣が定着しました。その結果、緊急事態宣言があけた後も、21時閉店を続ける店舗が一定数ありました。都心部では最終電車の時間がコロナ禍前に比べて繰り上がったこともあり、居酒屋で長時間飲むというライフスタイルは少数派となりました。さらにテレワークや家族の罹患による自粛など、外出を控える要因が解消される見込みは完全に立っていないことから、外食需要がコロナ禍前までの状態に完全に戻ることはないのではないかとさえ考えられます。

　需要の低迷に加えて問題となっているのは、深刻な人手不足です。企業は人材を獲得するために人件費を上げざるを得ず、そこにロシア・ウクライナ戦争を発端とする食材価格や燃料費・物流費などのコスト上昇が利益を圧迫しています。幸い日本はまだ海外のようなインフレ状態には陥っていませんが、コスト増を補填するため値上げに踏み切る企業が相次いでいます。しかし、消費者が許容できる範囲での値上げでは著しいコスト上昇分を補えないケースも多く、どのように利益を確保するのか、最適解が見つかっていないというのが実態です。

# 未来戦略

　予期せぬ戦争により、小麦やチーズなどに代表される食糧価格が上昇し、さらにエネルギー不足により光熱費が上昇、人手不足で人件費も上昇と、あらゆる資源のコスト増が続いています。2022年から2023年はこれまで食料やエネルギーを海外からの輸入に頼っていた代償が一気に回ってきたような年でした。こうした社会環境の変化を踏まえると、やはり飲食業界は、「食材の安定仕入れと人材の確保」という、コロナ禍前に通常にできていた安定供給体制を確立する必要があります。一足飛びで100％地産地消を実現するのは難しくても、輸入に頼らない自力の食材調達ルートを確保できるか否かは、生き残るうえで重要な要素になると考えます。地域の農産物や水産物の仕入れルートを開拓し、その地域でしか味わうことのできない希少性の高いメニューを開発し、地域との共存共栄をリードできれば、企業としての社会的意義も高まるでしょう。さらに他店との明確な差別化要素となり、「わざわざ行きたくなるお店」としてのブランディングが飲食店ビジネスの未来戦略となります。

　自店ならではの特長をしっかり設計した後に重要となるのがプロモーションです。2022年後半には海外からの一般訪日客受け入れが再開されました。再開当時は円安が進行していたこともあり、日本への渡航を希望する外国人観光客が、待っていましたとばかりに来日しました。

　以前は、マスク・検温・消毒に、執拗なまでの強制を強いる日本側と、「罹患しても仕方ない」と楽観的に行動する外国人観光客との間には大きな溝があり、訪日外国人に窮屈な印象を与えてしまいました。「日本はそういう国だ」と好意的に理解してくれる外国人のみを受け入れるのか、「ウィズコロナ」が定着している欧米基準に合わせるのか、企業側の態度を決める時期にありました。そしてそれは、国が決めることではなく、企業が自らの戦略に基づいて意思決定し、実行責任を負う権利と義務を担っていることを、改めて確認すべきかもしれません。

　コロナ禍を経て、日本は良い意味でも悪い意味でも、独自化路線を歩みました。特に新型コロナウイルスは高齢者に重篤な症状を発症させるウイルスだったこともあり、高齢者の人口が多い日本では高齢者優先の施策が目立ち、未来を担う若者の声が反映されない社会となってしまったのです。また、「マスクをしない外国人を受け入れるなど、高齢者を守る気がないのか」など、極端な意見もまだまだ根強く、国だけでなく、各企業もどのようにあるべきか、答えは出ていません。

　同調圧力の強い日本において、他者と違った意見を述べたり、未来を見据えた行動を取ることは、大変な勇気を伴うものですが、混とんとした時代だからこそ、企業のスタンスを明らかにして、誰にどのような価値を提供していくのか改めて見つめ直すことが必要です。

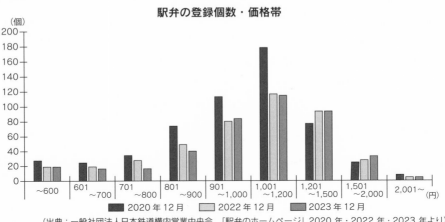

駅弁の登録個数・価格帯

（出典：一般社団法人日本鉄道構内営業中央会，「駅弁のホームページ」2020年・2022年・2023年より）

現状

　京王百貨店や阪神百貨店の全国駅弁大会は毎回活況を呈しています。一般社団法人日本鉄道構内営業中央会「駅弁のホームページ」によると、駅弁の種類は全国で420ほどあり、地域性を活かした弁当を選べることで人気を維持しています。

　駅弁以外には空港の空弁、高速道路サービスエリアでの速弁®（NEXCO中日本とJTB中部の商標登録）、クルマのカップホルダーに収まる道弁などがあります。

　一般社団法人日本鉄道構内営業中央会が運営する「駅弁のホームページ」に登録されている駅弁の種類は、2020年末の563種類から2023年末には424種類と4分の3に減少しています。販売価格帯としては2020年および2023年の両年とも1,001〜1,200円が最も種類が多い価格帯でした。2番目に多い価格帯については、2020年時は901〜1,000円でしたが、2023年時は1,201〜1,500円となっており、全体の種類が減少する中でも、中・高価格帯の弁当の種類が増えています。

　空弁の中でもJALのファーストクラス用に選ばれたコメはプレミアムが付くといわれており、10数年前に北海道の「ふっくりんこ」が選ばれたときや5年前に香川県の「おいでまい」が選定されたときにはコメ業界の中で話題になりました。その後2022年6月に福井県の「いちほまれ」、10月に新潟県の「新之助」、翌2023年3月に福岡県の「脇山米」（御用米）、11月に再度「新之助」が選ばれ「新之助」の人気が定着することとなりました。

　一方、2023年9月に青森県八戸市の吉田屋製造の弁当（函館わっぱめし、他）から全国で500人以上の食中毒が発生し、近年で一番大きな被害となりました。

未来戦略

　「地域の名産品として本来の価値を追求すること」と、「新たな販路開拓を行うこと」が駅弁・空弁等ビジネスの未来戦略となります。同時に昨今の大規模食中毒事故を鑑み「食の安全を確実に守ること」が経営の大前提となります。

　「地域の名産品として本来の価値を追求すること」についてのキーワードは、「この土地ならでは」そして「旬の今だから」となりましょう。駅弁の本来の価値を「この土地ならでは」で表すため、その食べ物にまつわる物語をパッケージに添えることで、食事をしながら物語を楽しめ、旅の土産話にもなり、単にお腹を満足させるだけのものとの差別化が図れます。鉄の町北海道室蘭市母恋（アイヌ語で「ポク・オ・イ」。北寄貝がたくさんある場所の意味）の母親が考案した「母恋めし」は「当時、2人の子どもが好きだったホッキ貝の炊き込みご飯をおにぎりにして弁当にしたらどうか」と作ったものが始まりで、のちにコンテストの弁当部門で最優秀賞を受賞して人気商品として定着しました。1日40～50食程度の生産量であることで希少価値の高い商品になっています。

　「新たな販路開拓を行うこと」の事例として、まずは百貨店での駅弁大会が挙げられます。阪神百貨店、小田急百貨店、京王百貨店などで開催されており、なかでも京王百貨店は過去57回も続いている人気イベントになっています。百貨店以外でも不定期的に各地の食品スーパーや全国チェーンのコンビニエンスストアでの販売も行われています。未開拓の販路として各地の介護保険サービス事業所が挙げられます。普段遠出のできない環境にいる方々にとって、一片の旅の思いを添えられる駅弁の提供は温かい刺激になるものでしょう。最近は介護保険の枠組みの中で、車いす・介護ベッドに歩行補助器具などを定期的にリースするサービスも増えてきており、これらサービス提供業者のネットワークを活用して商品をお届けすることも検討材料となります。

　「食の安全を確実に守ること」については、製造中の環境整備と製造に携わる者のクリンリネスを保持すること、原材料保管・移送時の温度管理と菌管理の徹底が求められます。駅弁には非加熱の海鮮素材が使われていることも多く、原料由来の一般性菌増加リスクは常にあると考えるべきです。したがって、製造中のみならず、商品搬送中の温度管理（コールドチェーン）が切れないように注意を払う必要があります。2023年の「吉田屋」食中毒事故の原因は、外部業者から購入した白飯が冷蔵庫ではなく外気にさらされたまま保存されていたことでの一般性菌増加によるものでした。自社の製造能力を超える受注をしたことが遠因で、リスク管理体制を維持するため、常に製造と販売の受注数量調整を行うことが必要になってきます。

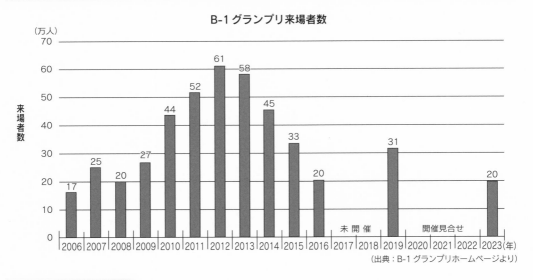

B-1 グランプリ来場者数

（万人）

（出典：B-1 グランプリホームページより）

　全国各地で年中さまざまなフードイベントが開催されています。簡単に種類分けをすると、旬の食材や料理・酒類に注目した「肉フェス」「ラーメンEXPO」「札幌大通ビアガーデン」、海外や日本の地域にちなんだイベントの「英国フェア」や「北海道物産展」、また「お花見フェスタ」や「クリスマスマーケット」など季節の行事やお祭りにリンクしたフードイベントがあります。さらに「アニメ」「フードロス」「キッチンカー」といったコンテンツを冠にフードイベントを開催するケースも増えています。開催規模は、2日間で15万人という最大規模の「ラーメンEXPO」や20数日間で88万人の「札幌大通ビアガーデン」のような大規模なものから地域の広場や公園で開かれる小規模のものまでさまざまです。

　世界最大のフードイベントはドイツのミュンヘン市で毎年秋に開催される「オクトーバーフェスト」で、東京ドーム9個分の敷地に複数の巨大テントを作って10万人分の席が用意され、16日間で約600万人が訪れます。日本でも本場ドイツの雰囲気を楽しめる「横浜オクトーバーフェスト」（神奈川県）が赤レンガ倉庫で開催され、さらにクラフトビールの祭典も計画されています。

　フードイベントは元来「まちおこし」が最大の目的で、地域の行政、商工会・商工会議所、市民グループなどが主体となり開発・育成を行ってきました。比較的近場でおいしいグルメを楽しめるフードイベントは、コロナで一度寝静まった街に活気を戻すコンテンツとなっています。

　フードイベント成功の3つのカギとして、まず第1に「安全・安心な運営」が挙げられます。2016年5月に行われたフードイベントで600人以上の食中毒が発生しました。フードイベントは野外で行うことも多く、一度に多くの来場者に料理を提供するため、運営側が出店者に「HACCPに沿った衛生管理の徹底」を義務付けなければなりません。安全面を守るため、特に夏場のイベントでは原材料の温度管理、調理場の衛生管理そして出来上がった料理を長時間外気温の売場に留め置かない時間管理が重要です。さらに安心を維持していくため、地場産原料使用を謳った料理については表記どおりの原材料調達が必須になります。調達不可能な場合に、それがたとえ隣接地であれ他産地原料を使用すると大きなクレームにつながります。

　第2に「ご当地グルメのPR」です。フードイベントには地域で日常的に親しまれている食や伝統的な郷土料理が提供されますが、まずは地元住民が「わが街のグルメ」として自信をもってアピールできるものであることが前提条件です。一部のマスコミが取り上げたご当地グルメが実は地元での認知度が低かった例がいくつかありましたが、地元での時間をかけた育成と合意形成が必要になります。そのうえで地域との関係性をアピールし、ご当地グルメとしての認知度を高めていきます。

　第3に「イベント後を見据えた計画の立案と実行」です。フードイベントへの出展を一過性のビジネスとせず、中長期的視点で捉え、地域に何度も足を運んでもらえるよう食とセットで地域の魅力をPRします。観光庁では「何度も地域に通う旅、帰る旅」という新たな旅のスタイルを「第2のふるさとプロジェクト」として推進しています。コロナ禍において働き方や住まい方の意識が変化し、自然環境に触れる旅や暮らし方のニーズが高まっています。例えば、地域一体となってその土地ならではの地域資源と結びつけてその土地の食や自然、文化、伝統などの魅力を一体的に体験できる「ガストロノミーツーリズム」を造成していくことも中期的視点としてあり得ます。また、近年フードイベントにビール会社や製粉会社などの大手食品メーカーがスポンサーに付くことが徐々に増えてきました。今後は、フードイベントにおける大手食品メーカーとの距離感を適切に保つことが重要です。大手食品メーカーにとって、営業戦略としてその地域での認知度を上げて固定ファンをつくることや、開発戦略として使用原材料や調理方法などの地域資源を活用して新商品開発のアイデアを醸成することが求められています。食品メーカーの求めていることを理解しながら、彼らの経営資源を活用し協働して地域の知名度を上げていくことが重要です。

6-4 ワイナリービジネスの現状と未来戦略

順位	都道府県	ワイナリー数			順位	都道府県	ワイナリー数			順位	都道府県	ワイナリー数		
		2023年	2021年	2020年			2023年	2021年	2020年			2023年	2021年	2020年
1	山梨	92	92	85	15	東京	8	6	4	30	和歌山	3	2	2
2	長野	72	62	55	18	宮城	7	6	4	30	兵庫	3	3	3
3	北海道	55	46	42	18	愛知	7	8	8	30	京都	3	4	2
4	山形	20	19	17	18	秋田	7	4	4	30	群馬	3	3	3
5	岩手	15	11	11	21	大分	6	6	5	30	高知	3	2	2
6	茨城	12	8	6	22	富山	5	3	2	38	徳島	2	1	1
7	青森	10	10	7	22	島根	5	5	4	38	愛媛	2	2	2
7	栃木	10	8	8	22	神奈川	5	6	3	38	鹿児島	2	1	1
7	福島	10	9	7	22	宮崎	5	6	6	38	滋賀	2	2	2
7	岡山	10	10	9	26	埼玉	4	4	4	38	山口	2	2	2
7	新潟	10	10	10	26	石川	4	4	4	38	長崎	2	1	1
12	千葉	9	6	5	26	鳥取	4	5	4	44	奈良	1	0	0
12	広島	9	7	7	26	熊本	4	4	3	44	福井	1	1	1
12	静岡	9	8	8	30	香川	3	1	1	46	佐賀	0	0	0
15	大阪	8	8	8	30	岐阜	3	2	2	46	沖縄	0	0	0
15	福岡	8	3	3	30	三重	3	2	2		全国計	468	413	369

都道府県別のワイナリー数

(出典：国税庁「酒類製造業及び酒類卸売業の概況」(各年度1月1日時点の製造免許場数及び製造免許者数より))

現状

　酒類全般が1999年をピークに消費数量が減少する中、国産ワインは順調な伸びを示しています。それを裏付けるように国内のワイナリー数は2023年1月時点で468場あり、都道府県別に見ると、上位3地域(山梨県、長野県、北海道)で全体の46.8％のワイナリー数を占めています。

　ワイナリー見学は多くの雑誌やネットで取り上げられて、各旅行会社でもワイナリーツアーとして販売がなされています。近年、山形県高畠町にある高畠ワイナリーでは2023年5月にIWC(インターナショナル・ワイン・チャレンジ)にて日本ワイン唯一のゴールドメダルに選ばれ、その影響から台湾などからの観光客が訪日するなどインバウンド旅行客も増加傾向になっています。

　日本ワイン発祥の地である山梨県以外にも、2003年施行の構造改革特別区域法に基づいたワイン特区に認定される自治体が増加したことにより、長野県の信州ワインバレーなど新たなワイン産業地が生まれてきています。年々、日本国内のワイナリーは増加していましたが、新型コロナウイルスの感染拡大に伴う主要販売先の飲食店の営業自粛やワイナリー見学の自粛により、ワイナリー事業者は大きな打撃を受けています。

　しかし、2023年は国内旅行客を中心に観光・宿泊需要が回復しつつあり、飲食店も個人客を中心に賑わいを見せています。

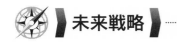

未来戦略

　元来、日本では米を原料とした日本酒が主要なアルコール飲料としての地位にあり、ワインが一般的になってきたのは30年ほど前からです。海外からブドウを原料としたワインが輸入されましたが、全般的に薄味の日本食にはあまり合わないことや、昔は温度管理の意識も低く保存するための設備や技術もなかったため、ワインの品質が劣化することにより普及が進まなかったと思われます。しかし、近年ではワインの保存技術が向上。日本ワインを製造するワイナリーも増加し、ワインに合った料理（ペアリング）の研究も進み、ワインに合う料理を売りにする飲食店（天ぷら、寿司、等）も増えてきています。このように日本国内において年々増加しつつあるワイナリーですが、観光客を誘致するためには課題があります。それは「国内においての認知度の向上」と、「海外からのインバウンド客向けの情報発信」です。

　「国内においての認知度の向上」については、消費者向けのワインセミナーや都市部の百貨店などでの催事出店、有名店とのコラボイベントを行うことで消費者の認知度を向上させることです。また、ワインを楽しむにはワイン単体の味だけではなく、料理とのペアリングや、産地の土壌や気候、地形、人的・農業技術等の背景としての情報（テロワール）の発信も重要な要素となります。

　次に「海外からのインバウンド客向けの情報発信」を展開するには、インバウンド向けの英語対応ホームページや、インターネットツールを利用したリアルタイムでの相互やり取りが可能なオンラインツーリズムなどの開催が有効です。加えて、国内及び海外への認知度向上および情報発信の方法として、海外での歴史あるワインのアワードなどに出品することです。長野県上田市の「椀子ワイナリー」は、イギリスのウィリアム・リード・ビジネス・メディアが主催するワインツーリズムに取り組む世界最高のワイナリーを選出するアワード「ワールド・ベスト・ヴィンヤード」にて、2020年度世界第30位に選出されました。その後、2023年6月より英語でのワイナリーツアーを常時実施しています。また、前頁の現状にも記載した高畠ワイナリーはコロナ禍の2021年に、シンガポールのバイヤーや現地のインフルエンサー向けにオンライン会議でプレゼンテーションを行いました。

　日本国内のワイナリーの品質は年々向上しており、海外での有名な賞を受賞できるレベルになってきています。そのため、今後は品質の向上を図るとともに、国内・海外向けの認知度を向上させるための情報発信に力を入れていくことが、今後も大きく成長していくために大切だと考えます。

都道府県別の酒類業者数及び取引状況

事業者数順	都道府県	事業者数	国内売上数量(KL)	輸出売上数量(KL)	事業者数順	都道府県	事業者数	国内売上数量(KL)	輸出売上数量(KL)	事業者数順	都道府県	事業者数	国内売上数量(KL)	輸出売上数量(KL)
1	新潟	88	34,929	615	17	埼玉	27	17,901	151	31	高知	16	3,415	42
2	長野	72	8,515	149	18	滋賀	26	2,921	41	34	徳島	14	352	20
3	福島	58	12,810	95	18	奈良	26	2,975	415	35	大阪	13	718	17
4	兵庫	56	93,238	5,703	18	大分	26	2,132	5	35	和歌山	13	2,081	89
5	山形	49	8,267	251	21	栃木	25	6,888	173	35	鳥取	13	530	40
6	福岡	40	2,490	151	21	愛媛	25	1,398	10	38	北海道	12	2,936	135
7	岐阜	37	3,484	180	23	島根	22	1,622	99	39	東京	11	1,332	14
7	岡山	37	2,109	56	24	石川	21	8,627	109	39	長崎	11	832	4
9	茨城	34	2,756	89	24	佐賀	21	2,584	81	41	山梨	10	1,377	15
9	京都	34	111,016	2,469	26	群馬	20	2,349	21	42	神奈川	9	460	8
9	広島	34	7,389	211	27	福井	19	2,498	173	43	熊本	8	879	—
12	宮城	30	7,173	55	28	三重	18	1,780	46	44	香川	5	907	10
12	愛知	30	11,639	111	29	岩手	17	3,362	145	45	宮崎	2	—	—
14	秋田	28	16,216	208	29	岡	17	2,506	169	46	鹿児島	1	—	—
14	千葉	28	12,404	145	31	青森	16	3,755	48	46	沖縄	1	—	—
14	山口	28	4,128	1,806	31	富山	16	4,205	106	全国計		1,164	421,885	14,480

(出典：国税庁「酒類製造業及び酒類卸売業の概況（令和3年調査分）」より作成)

現状

　日本酒は、「古事記」にも記載があるとおり、古くから日本人に親しまれてきた飲み物です。そのため、日本各地には多くの蔵があり、1970年代には約4,000もの蔵元がありました。しかし、近年は嗜好の多様化などに伴い年々消費量は減少し、清酒製造事業者も約1,100まで減少しています。日本酒全体が減少する一方、純米酒・純米吟醸酒などの特定名称酒はコロナ禍で一時出荷量が減少したものの、2022年度は対前年比＋5％と回復傾向となりました。

　観光庁は2013年、酒蔵ツーリズムと称して、酒蔵の開放や酒蔵体験、日本酒をテーマにしたイベント、スタンプラリーなどの仕組みづくり、外国人向けツアーのプロデュースなど実施規模も運営主体も異なるさまざまな取り組みや他の観光資源との連携を目指すことを基本理念とした「酒蔵ツーリズム推進協議会」を発足させました。

　日本産酒類の輸出は、日本酒やウイスキーなどの国際的な評価の高まりを受けて、年々増加傾向にあります。2021年度に初めて1,000億円を超えたことに続き、2022年度の輸出額は1,392億円（対前年度比21.4％増）となり、好調を維持しています。

　国内の日本酒消費量は減少しているものの、付加価値の高い銘柄は次々生まれており、その魅力をいかに国内外の方々に伝えられるかが課題です。

未来戦略

　酒蔵ビジネスの未来戦略は、「酒蔵を気軽に体験し味わってもらう」ことや、「酒蔵を通じて交流してもらう」ことで、より多くの酒蔵ファンをつくっていくことです。

　「酒蔵を気軽に体験し味わってもらう」には、これまで以上に魅力を発信することが必要です。

　長野県佐久市の「KURABITO　STAY」では、冬季（酒造り）2泊3日の蔵人体験プログラムを提供しています。お祓いの神事から酒蔵の仕込み、蔵人との交流など、単なる見学では得られない体験をすることができます。北海道上川町にある上川大雪酒造株式会社は2017年、酒蔵を創設しました。町民有志の「酒蔵支えTaI（さかぐらささえたい）」を結成し、蔵の作業の手伝いから草刈りまで、地域のボランティア活動にも支えられての創設となりました。地域限定酒「神川」は、地元でしか購入できないため、訪れる方が後を絶たないといいます。使われる酒蔵「緑丘（りょっきゅう）蔵」には、見学スペースも併設しています。

　「酒蔵を通じて交流してもらう」には、より地域と連携した活動が重要です。

　2023年12月、株式会社AgnaviとJR東日本スタートアップ株式会社は、全国各地の日本酒80銘柄を一合缶に詰め、「旅する日本酒店」を期間限定でオープンしました。「ICHI-GO-CAN®」にすることで、蔵の大小にかかわらず気軽に地域の日本酒を体感できる場をつくり、さらに鉄道との相性もよい企画となっています。油長酒造株式会社も出資する株式会社御所まちづくり（奈良県御所市）は、廃業した銭湯「御所宝湯」を再生し、分散型ホテル「GOSE SENTO HOTEL」を開業しました。御所の5つの宝である「湯」「人」「酒」「薬」「神」をテーマに、自分を取り戻す体験を提供しています。

　インバウンドが回復基調となった今、新たなチャレンジも有効です。

　島根県出雲市の台雲酒造合同会社は、台湾出身の陳 韋仁氏が創業した輸出用清酒製造に特化した蔵です。日本酒を届けるだけでなく、日本と台湾をつなぐ蔵として、日台交流にも尽力するユニークな蔵となっています。栃木県小山市の西堀酒造株式会社は、2023年4月に日本酒蔵によるこだわりのジャパニーズ・ウイスキーと題して、クラウドファンディングを行いました。日本酒の技術が生かせる蒸留酒づくりを、夏場の酒造り二毛作としてチャレンジしています。

　酒蔵に詰まっているストーリーを紡ぎ出し、国内外の方々にしっかりと発信することで交流を促し、新たな酒蔵ファンの心をつかむことが期待されます。

道の駅ビジネスの現状と未来戦略

全国道の駅 満足度ランキング2023					
順位	前年順位	駅名	所在県名	利用経験者数（人）	満足者数（人）	満足率（%）
1	1	道の駅 川場田園プラザ	群馬県	130	115	88.5
2	3	あ・ら・伊達な道の駅	宮城県	253	214	84.6
3	—	道の駅 富士川楽座	静岡県	218	170	78.0
4	7	道の駅 しちのへ	青森県	103	80	77.7
5	—	道の駅 米沢	山形県	157	121	77.1
6	—	道の駅 むなかた	福岡県	241	184	76.3
7	—	道の駅 とみうら枇杷倶楽部	千葉県	105	80	76.2
8	2	道の駅 上品（じょうぼん）の郷	宮城県	128	97	75.8
9	4	道の駅 伊東マリンタウン	静岡県	205	155	75.6
10	—	道の駅 保田小学校	千葉県	102	77	75.5

（出典：『じゃらん』全国道の駅グランプリ2023 ※北海道、沖縄を除く）

現　状

　「道の駅」は、24時間無料で利用できる駐車場やトイレを提供する「休憩機能」、道路状況や地域の観光情報、緊急医療情報などの「情報発信機能」、文化教養施設や観光レクリエーション施設として活用できる「地域連携機能」を有し、地域振興の拠点として市町村または公的な団体が設置者であることを登録要件として、国土交通省に登録された施設です。55％が地方自治体および委託を受けた指定管理者や第3セクターが運営しています（NPO法人元気な日本をつくる会調べ）。

　道の駅制度は1993年に創設され2023年で30周年を迎えます。第1回の登録で103の「道の駅」が誕生し、その後日本全国に広がり、2023年現在1,209駅が登録されています。ドライブ客が安心して立ち寄れ、地域の特産品が購入でき、その土地のグルメも味わえることから、年間2億人以上に利用されています。近年では、道の駅定番の「地元農林水産物が揃う直売所」や「地元の新鮮食材を使ったレストラン」だけでなく、温泉などの付帯施設やそこでしかできない体験などが楽しめるテーマパークのような施設も増え、道の駅自体が目的地となっています。

　旅行情報誌『じゃらん』が発表している「全国道の駅グランプリ2023」のトップ10には、買物もグルメも遊びも楽しめる個性豊かな道の駅がランクインしました。2年連続1位となった群馬県「道の駅 川場田園プラザ」は、自然豊かな広大な敷地を誇り、グルメの宝庫として大人も子供も“1日遊べる道の駅”としてリピーターも多い道の駅です。

　しかし、利用者50万人以上の施設が15％ある一方で、20万人に満たない施設が51％を占めており、慢性的な赤字経営が問題になっている道の駅もあります。

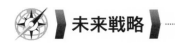

未来戦略

道の駅は1993年の制度発足以降、地域振興の拠点としての使命を果たしてきました。今後ますます、「地方創生のネットワークの中心」の場所となることが期待されています。しかしながら地方においては深刻な人口減少や少子高齢化による税収減少や財源不足から、市町村または公的な団体による従来の運営では立ち行かない施設もあります。地域経済循環の観点から、域外から外貨を稼ぐ「域外市場産業」および、地域内で経済（マネー）を循環させる「域内市場産業」の2つの側面をもとに自律的な道の駅経営を捉えた未来戦略を考えることが重要です。

「域外市場産業」の視点による未来戦略は、その地域でしか買えないオリジナル商品の開発です。顧客はその地域でしか食べられない食事や地域ならではの土産・特産品を求めています。旬の新鮮野菜や山菜、果物、魚介類など四季折々の食材を充実させるとともに、郷土食や地元の新名物の掘り起こしや、道の駅ブランドの特産品や若年層向けのグッズ・土産物品の開発により、新たなエンタテインメントを提供していくことです。

地元の事業者が持ち込む農林水産物や特産品を安価な手数料で委託販売するといった受動的な運営から脱却し、道の駅自らが主体的に開発・生産・販売に取り組み、個性的な価値を提供することが重要です。「その地域でしか買えない」といった圧倒的なユニークさが加わることで、「わざわざ買いに行きたくなる」という強い動機づけができ、それが継続的な販売につながります。

「域内市場産業」の視点による未来戦略としては、生産者直送の新鮮な地元農作物や特産品を、中間流通をカットし比較的リーズナブルな価格で提供できるため、地域にも認知浸透を図り、地域住民の消費生活に貢献することです。また観光客やドライブ客など域外客から稼いだ外貨を、地元農林水産物の調達はもとより、6次産業化や建設・設備投資まで、域内の産業や事業者に委託し地域経済を循環させることです。そのためには、地域の枠組みを市町村単位で捉えるのではなく、地域間連携による共栄圏を形成し、中広域の地域経済循環（自給率の向上）を図り、経済波及効果を高めることも重要です。

そして、官民連携や民営化の促進です。それぞれの地域には、地域に根差し地域を活性化したいという地元民間事業者も多くいます。地方財源を支出して公共サービスを提供する視点から、観光資源など地域の強みとなる多様な地域資源を活用し、地方財源を生む収益施設に変革することで、地域産業を活性化させ地域の経済を豊かにし、ひいては雇用の創出につながります。

道の駅には「いつ行っても楽しい」といったエンタテインメント空間としての付加価値を磨く力が十分に備わっています。また、コロナ禍を経て災害時にも人々の役に立つ復旧拠点としての機能を備えることで、地域に不可欠な地域振興と観光拠点として、ますますの発展が期待されます。

旅行消費額の推計 旅行中支出(国内分)													(単位:十億円)
	宿泊旅行 (国内)			日帰り旅行 (国内)			海外旅行 (国内)			計				
	2019年	2020年	2021年	2019年	2020年	2021年	2019年	2020年	2021年	2019年	2020年	対前年比	2021年	対前年比
旅行会社収入	168	56	43	25	7	5	159	36	2	352	99	−72%	50	−49%
交通費	5,411	2,233	1,916	1,843	835	830	942	269	61	8,196	3,337	−59%	2,807	−16%
宿泊費	3,991	2,074	1,988	—	—	—	13	2	4	4,004	2,076	−48%	1,992	−4%
飲食費	2,253	1,065	929	587	307	268	27	4	0	2,867	1,376	−52%	1,197	−13%
土産代・買物代	2,118	976	820	956	445	428	45	13	1	3,119	1,434	−54%	1,249	−13%
入場料・施設利用料・その他	1,035	391	352	585	255	256	2	0	—	1,622	646	−60%	608	−6%

(出典:観光庁「旅行・観光産業の経済効果に関する調査研究」2023年3月より)

現　状

　日本人向け土産ビジネスは、2019年に3兆円を超える市場規模でしたが、2020年以降のコロナ禍による観光自粛の影響により2021年度には1兆2,490億円と2019年比40%まで減少しました。

　日本人向け土産ビジネスにおいて業績を左右する重要なポイントは、①立地条件(有名な観光地や宿泊地が近くにある、もしくは観光ルート途上にありアクセスが良い)、②店舗(気軽に入れて購入しやすい雰囲気、接客態度、駐車場や休憩場所の確保)、③商品構成・サービス(地域色がある十分な品ぞろえ、土産配送サービスの実施)等が挙げられます。

　一方、外国人向け土産ビジネスは、2019年度の「訪日外国人消費動向調査」では買物代1兆6,690億円と日本人向け土産ビジネスの半分以上にまで伸びましたが、その後のコロナ禍の影響で大幅な減額になりました。その新型コロナウイルス感染症の位置づけが、2023年5月から「5類感染症」になり、それに加えて2022年中ごろから始まった円安傾向により訪日外国人の土産品買上げ金額は増加しています。

　なお、訪日外国人が土産品に選ぶ商品は化粧品や医薬部外品が多く、一人で同じ商品を複数購入する方が多く見られます。ユニ・チャームの「おむつ」、ライオンの「歯ブラシ」、ツムラの「漢方薬」などが対象商品となっています。それに加えて円安の流れがあるため、日本での高級品、特に中古のブランド品に人気が集まってきています。手入れの良い日本の中古品は今後も人気を博しそうです。

　日本人向け土産ビジネスの未来戦略は、来訪観光客に評価される土産品の開発と買物しやすい場の提供を行うことが重要となります。土産物のキーワードは「地域」と「旬」です。地域のブランド素材を使用し、その地域でのモノが生まれた背景や使用時に広がるシーンも含めて訴求できる「その土地ならでは」が重要となります。また、特に生鮮品を土産品にするのであれば獲れたて、収穫したての「旬」を体感できる工夫も必要になります。観光だけでなく土産品を通じて文化交流やその土地への理解が生み出され、地域のブランド化が実現できます。

　地域ブランドを創りだした例として、日本最北端の島「礼文島」の鮮魚問屋が「レブニーズ」と屋号を変え、水温の低い海域で獲れた魚介類や特に名産のウニを前面に出して動画を駆使したイメージマーケティングを展開してブランド浸透させたことが挙げられます。また、北海道美瑛町のJAが関西の製パンメーカーと共同開発した「コーンぱん」は美瑛町と新千歳空港の直営店でしか買うことができず、常に焼き上がり待ちの列ができる人気商品になっています。

　土産品は製造余力の小さい地域の工場で作られることが大半ですが、さらに多くの商品を製造して市場拡大を図りたい場合もあるかと思います。2023年中ごろから、わが国の大手コンビニエンスストアが店舗での調理品の割合を増やしてきています。結果として、コンビニエンスストア各社に商品を製造しているメーカーに製造余力が出来てきている環境にあります。原料調達の仕様や菌管理の厳格な製造現場ではありますが、商品委託製造の協業を受ける余地は以前よりも高まっていると思われます。

　また、外国人観光客向けの土産ビジネスの未来戦略は、事前の情報収集と以下の「購買環境の整備」が需要となります。

(1) 外国人観光客はあらかじめ購入する商品を決めている「目的買い」が多く、それゆえどの商品がその対象となっているのかをあらかじめ情報収集する。

(2) 多言語対応の看板、POPの作成、翻訳サービスの利用。

(3) クレジットカード、銀聯カード等に加えスマートフォン決済サービスを可能とする。

　さらに商品を販売する場所と機会を増やすことも重要な戦略となります。通常の土産品販売場所以外に、ふるさと納税の返礼品の中に入れ込む、レンタカーの待合室にパンフレットを置いての送客、大手コンビニエンスストアでも観光スポット近郊店舗限定で地場特産商品の販売を承認するところが増えてきたため、販路としての活用が可能です。

旅行・体験の人気ランキング（例）	
富士急ハイランドフリーパスペアチケット	富士吉田市（山梨県）
ホテル日航アリビラ　宿泊券	読谷村（沖縄県）
オリンピックゴルフ倶楽部プレミアムチケット	三木市（兵庫県）
手洗い洗車とカーコーティング	大府市（愛知県）
勝沼ぶどうの丘　ペア宿泊券	甲州市（山梨県）
園主　秋山実と選ぶ盆栽購入チケット	韮崎市（山梨県）
日本最大級の商業リゾート施設ギフト券	多気町（三重県）
プライベートサウナ付き一棟貸別荘宿泊券	淡路市（兵庫県）
工房で木製ペンづくり体験	大川市（福岡県）
４級　乗馬ライセンス取得コース	小諸市（長野県）
よもぎ蒸し美容サロン体験30分コース	中山町（山形県）
人工サーフィン施設の60分体験コース	境町（茨城県）

（出典：2023年ふるさと納税「体験チケット」資料より）

現　状

　日本人が旅行に出かけたときには、旅先の地域でお土産を求めて、それを知人にプレゼントする習慣が以前から続いています。旅行中に自分が体験した素晴らしい感動やその地のおいしい食べ物などを周りの知人に紹介して、その素晴らしさを共有する優しい心は、日本人特有の「おもてなしのベース」にもなっており、お年寄りだけでなく若者の間でも自然になじんでいます。

　観光客が購入する土産は、地域の特産品など目に見えるものだけでなく、お渡しする相手に対するまごころなど目には見えない「体験を含むサービスそのもの」であると考えます。国内だけでなく海外であっても旅先で感動した人々の優しさや、見事なサービスを自分だけのものにしないで、相手にも贈ることができれば、素晴らしいコミュニティも拡がります。

　近年の旅行者は活動的になり、珍しい旅先の文化や自然を楽しむだけでなく、積極的に自分の興味がさらに高まる活動を選ぶようになりました。ふるさと納税についての興味は、年々大きくなりその取り扱いも増加していますが、ふるさと納税の返礼品として「体験チケット」の人気が高まっており、これからのサービス土産の拡大につながっていく気配を感じます。

未来戦略

　サービス土産ビジネスの未来戦略は、観光客自身に、ガイドブックに載らないような、文化や自然を感じながら、その地の熱い人々に触れる価値ある感動を体験してもらうことが大切で、周りの人にも同じ体験をしてもらいたいという「サービス土産」を贈る動機につながります。

　その地でしか叶えられない地域独自の、憧れていた作業体験ができる、非日常的な心地よさを覚える、新しい知識が獲得できるといった価値ある体験サービスはモノとしての土産よりもその地に愛着を湧かせる機会になり、身近な人に同じ体験を共有したいという喜びを提供します。

　これらの観光客に感動を与えた体験サービスを「サービス土産」として観光客が自分の身近な人に共有してもらいたい感動そのものを「土産」としてパッケージ化し、贈るきっかけを地域として開発できれば、その地域の魅力を高めることにつながります。

　「サービス土産」は、その地域独自の「自然、文化、伝統、食、生業」などがコンテンツとなります。「地域の里山・地元の農家・地産農産物・郷土料理」、「農泊・農業体験・農家の人との交流・地域農産物の郷土料理」、「陶芸の窯元・陶芸家」、「陶芸体験・野焼き体験・陶芸家との交流会」などの組み合わせが考えられ、感動した地域の旅そのものも魅力的な「地域のサービス土産」とすることができ、日本人観光客に注目が高まれば、これが外国人観光客にも注目され、地域のインバウンド需要が活性化します。

　「親切な現地ガイドによる自然や環境の丁寧な説明」、「地域住民と移住者が集うゲストハウス」、「地元の楽しく親切な人々との交流」、「経営者が案内する地場産業の見学」などを折り込んだ着地型ツアーを案内できれば、そのコミュニティに参加できるツアーそのものが「サービス土産」として成り立ち、これまで活用されなかったその地ならではの観光資源が発掘され、新たな観光客の来訪や地域の雇用につながります。

　わが国は経済活性化や地域創生のために観光振興について全力で取り組むことを決めており、外国人旅行者を大都市から地方に拡大するために力を入れようとしています。地域には必ず熱心で親切な人々が存在します。地元の魅力は長く住んでいるとなかなか気づきにくく、発信することやサービスにつなげることが難しいため、ご当地の体験コンテンツを造成するにあたっては地元に馴染みのない第三者の目が新しい地域の魅力を創り上げることに役立ちます。

　地域の熱心な人々と若者が、新しい価値を見つめ直し、国内だけでなく海外へ発信することが必要です。発信を通じて交流人口のみならず関係人口の拡大により地方創生、地域活性化につなげるきっかけを見つけたいものです。

第 **7** 節

教育関連観光ビジネス

観光関連大学・専門学校ビジネスの現状と未来戦略

観光学を学べる大学・短期大学、専門学校の数（376校）											
北海道	13	↓	東京	69	↓	滋賀	2	→	香川	6	→
青森	3	→	神奈川	15	↓	京都	15	→	愛媛	2	↓
岩手	3	→	新潟	7	→	大阪	37	↑	高知	1	→
宮城	13	↑	山梨	3	→	兵庫	12	↑	福岡	22	↑
秋田	2	→	長野	9	→	奈良	4	↑	佐賀	1	→
山形	2	→	岐阜	2	→	和歌山	2	→	長崎	3	→
福島	1	→	静岡	6	→	鳥取	0	→	熊本	5	→
茨城	6	↓	愛知	20	↑	島根	1	↑	大分	4	↑
栃木	4	↓	三重	2	→	岡山	7	→	宮崎	3	→
群馬	7	↓	富山	4	→	広島	12	↑	鹿児島	1	→
埼玉	20	↓	石川	7	→	山口	6	→	沖縄	10	↑
千葉	17	↑	福井	2	→	徳島	2	→			

（出典：進学情報サイト「スタディサプリ」（2023年12月時点）より）

現状

　2023年3月に閣議決定された「観光立国推進基本計画」では、今後も「観光」がわが国の成長戦略の柱であり、地域活性化の切り札であることが明示されています。コロナ禍を経て、観光立国の復活を成し遂げるためには、観光産業をリードする人材、また地域を支える観光人材の育成・強化が不可欠です。

　高等学校（商業科）では、観光ビジネスについて実践的・体験的に理解し、観光ビジネスを展開するために必要な資質・能力を育成する視点から、「観光ビジネス」科目が2022年度より導入されました。文部科学省によると、全国で商業科のある高等学校は588校、生徒数は165,648人となっています（令和4年度学校基本統計（学校基本調査報告書）より）。早期観光教育により未来の観光人材として成長することが期待されます。

　また、2023年現在、観光学を学べる全国の大学・短期大学は249校（前年比9校増）、専門学校は127校（同5校減）と、全体数では微増しました。観光産業におけるトップレベルの経営人材を育成する観光MBA教育を展開する大学院は、一橋大学大学院・京都大学大学院の2校のほか、2024年4月から新たに立命館大学大学院においても設置が予定されています。

　さらに、大学やDMO（観光地域づくり法人）、民間事業者等から多様なリカレント教育プログラムが提供され、持続的な観光人材の育成・強化を支援しています。

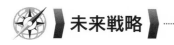 **未来戦略**

　新型コロナウイルス感染症拡大を乗り越え、インバウンドを始めとする観光需要の急速な回復に伴い、観光産業全体で働き手の確保に苦慮しています。裏を返すと、観光人材は引く手あまたの状態であり、観光関連大学や専門学校への期待が高まっています。

　しかし、大学への入学を希望する人が大学全体の定員を下回り、大学を選ばなければ誰でも入学できる大学全入時代に突入し、地方や小規模の大学や専門学校は厳しさを増していくことが容易に推測できます。

　観光関連大学・専門学校ビジネスの未来戦略は、ポストコロナにおいて観光産業界が必要とする人材像を念頭に置き、特色あるカリキュラムを設計し、差別化を図ることです。特に地方の大学や専門学校では、教員と地域の観光事業者と連携することで地域ならではのカリキュラムを設計します。学生にはまず、地域が育んできた伝統や文化、歴史、自然等を認識してもらい、地域で学ぶことに誇りと愛着を感じてもらうことが重要です。そのうえで、地域観光人材として必要な知識やスキルを、理論と実践の両面から身に付けていきます。地域で学び、地域とつながり、地域に観光人材を輩出する好循環を創りだすことは、在学生の満足度を高め、受験生の学校選びにも影響を与えることでしょう。

　立命館アジア太平洋大学は、2023年4月にサステイナビリティ学と観光学を組み合わせて学べる「サステイナビリティ観光学部」を開設しました。観光学の教育・研究・訓練の質を保証する国際認証制度 UNWTO.TedQual（Tourism Education Quality）※を取得していることも特徴的です。入学定員350名のところ、351名が在籍しており（同大学ホームページより、2023年11月1日付）、順調なスタートを切りました。

※国際認証制度 UNWTO.TedQual（Tourism Education Quality）
　2023年現在、世界各国の108の観光教育・訓練・研究機関が認証を取得。日本国内では立命館アジア太平洋大学のほか、和歌山大学、大阪観光大学、中村国際ホテル専門学校の4校のみ。

　また、地域で働く社会人向けリカレント教育の実施や外国人材向けセミナーの開催など、ターゲットを拡大して、特定の分野・テーマについて短期間で学べるプログラムを提供することも未来戦略のひとつとなるでしょう。選ばれる大学であり続けるためには、地域を巻きこんだ取り組みで、観光関連大学および専門学校ビジネスの裾野を広げ、存在価値を高め続けることが求められます。

7-2 観光関連資格取得ビジネスの現状と未来戦略

旅行業務取扱管理者試験　合格者数及び合格率の推移					
	総合旅行業務取扱管理者		国内旅行業務取扱管理者		地域限定旅行業務取扱管理者
年度	合格者数	合格率	合格者数	合格率	合格者数	合格率
2019年	1,161名	29.9%	5,645名	40.5%	131名	40.4%
2020年	4,225名	40.7%	4,576名	37.7%	106名	41.6%
2021年	1,785名	25.0%	4,498名	42.6%	143名	47.4%
2022年	1,662名	31.6%	3,125名	34.9%	150名	39.9%
2023年	1,050名	22.3%	3,270名	36.5%	153名	40.6%

(出典：一般社団法人日本旅行業協会JATA・一般社団法人全国旅行業協会ANTA、観光庁資料より)

現状

　旅行業界の唯一の国家資格として「旅行業務取扱管理者」資格があります。旅行業法では、消費者である旅行者の保護を目的として、旅行業者の登録制度を規定し、営業所ごとに1名以上の「旅行業務取扱管理者」を配置することを義務付けています。この「旅行業務取扱管理者」の資格を得るには、毎年1回実施される国家試験に合格することが必要で、業務範囲の違いにより、総合旅行業務取扱管理者、国内旅行業務取扱管理者、地域限定旅行業務取扱管理者という3種類の管理者資格があります。

　一般社団法人日本旅行業協会（JATA）が実施する2023年「総合旅行業務取扱管理者試験」出願者の年齢層は12歳〜29歳が41.1%、大学生・専門学校生が全体の23.0%を占めています。また、一般社団法人全国旅行業協会（ANTA）が実施する2023年「国内旅行業務取扱管理者試験」受験申込者の年齢層は29歳以下が51.4%、職業別では学生が全体の39.0%と最も高い割合を占めており、観光について興味・関心を持って学ぶ若者が多くいることがわかります。

　他方、2023年の「地域限定旅行業取扱管理者試験」申込者の年齢層は、40歳から49歳が全体の29.7%と最も高い割合を占め、40歳以上の受験者が全体の64.3%となっているのが特徴的です。職業別で最も多いのは会社員で34.8%、次いで無職・その他が26.6%となっています。セカンドキャリアに活かせる資格として注目されていると考えられます。

　なお、国家資格以外にも観光関連の民間試験が約20種類あるほか、地方自治体や地域の商工会議所、観光協会などが実施するご当地検定等があります。

 **未来戦略**

インバウンドが、円安を追い風に急速な回復傾向にあります。訪日客にとって、商品やサービスの割安感が強まったことで、日本は「訪れやすい国」になっています。一方で宿泊業を始めとする観光産業では人材不足により、需要の取りこぼしが発生しているといわれています。企業は資格取得を推奨・支援することで、業務の効率や業績をアップするだけでなく、自発的に学ぶ組織風土の醸成や、人材採用市場での優位性が期待できます。

インバウンド対応に役立つ資格として国家資格の「全国通訳案内士」や準国家資格・公的資格の「旅程管理主任者(国内・総合)」、「地域通訳案内士」、民間検定では「観光英語検定」、「日本の宿おもてなし検定」、「ホテルビジネス実務検定試験」などがあります。

観光関連資格ビジネスの未来戦略の1つ目は、資格そのもののマーケティング設計(ミックス)を見直すことです。時代に合わせた売れる仕組みを商品・価格・流通・販売促進面から検討します。例えば、既存の資格試験を外国人材向けに多言語で、かつオンラインで受験できるようアレンジして、送り出し機関や受け入れ企業に販売します。学習用の教材・動画等とセットで販売すれば、さらに売上が見込めるでしょう。

未来戦略の2つ目は、「合格者との持続可能な関係づくり」です。資格は取得してしまうと終わってしまうため、リピーターを育てることが難しいビジネスです。しかし、新規顧客を獲得するコストは既存顧客に販売するコストの5倍かかるともいわれています。そこで、資格更新制度や研修会を実施するなど、資格取得後の合格者向けのストック型サービスを展開します。特にご当地検定のような地域性の高い検定では、合格者同士の交流会や独立・開業の支援、人材を確保したい観光事業者とのマッチング、地域観光プロデューサーやご意見番として活躍してもらえる場の提供などが考えられます。例えば、資格のコンセプトに共感した協賛企業を募り、合格者と協賛企業をマッチングしたり、資格を生かしたビジネスを始めたい方の創業計画書の作成を支援したりすることが考えられます。

合格後のサービスは直接的なものに限らず、情報提供だけでも構いません。合格後、資格を活かして実務でリアルに活躍する人材が増え、その情報を共有することで、資格の魅力やブランド力も高まるでしょう。人々が資格にチャレンジする理由に立ち返り、受験者のニーズに寄り添うサービスを提供し続けることが重要です。

7-3 ミュージアムビジネスの現状と未来戦略

2022年度ミュージアム年間入場者ランキング上位施設			
施設名	所在地	入場者数(人)	前年度比
1位 国立科学博物館	東京都	1,842,929	198.9%
2位 金沢21世紀美術館	石川県	1,763,982	174.3%
3位 国立新美術館	東京都	1,493,360	153.6%
4位 東京国立博物館	東京都	1,247,750	149.1%
5位 広島平和記念資料館	広島県	1,126,381	277.4%

(出展：綜合ユニコム株式会社「レジャー施設 集客ランキング2023」より)

現状

　綜合ユニコム株式会社「レジャー施設 集客ランキング2023」によると、2022年度のミュージアム入場者数の上位5施設の入場者数は、いずれにおいても前年度より増加しています。入場者数1位となった国立科学博物館は前年度3位、入場者数926,369人から約2倍に、5位となった広島平和記念資料館では前年度比277％と大きく増加しました。しかしながら、まだコロナ禍の影響および入場の予約制を導入するなどの制限もあり、2019年の水準には及ばない状況です。

　入場者数上位となった国立科学博物館、金沢21世紀美術館、広島平和記念資料館に共通していることは、大人から子供までと幅広い年齢層をターゲットにしている点です。例えば、広島平和記念資料館の入場者数を見ると、高校生以下は2019年の水準に近い数字となっていますが、大学生以上の数は半分程度にしか戻っていない状況です。このように、その他の施設でも同様に、年齢の高い層ではまだ戻りが遅い状況であることが想像できます。

　国立科学博物館、広島平和記念資料館では、「科学」、「平和」といったテーマでの学生等の学習用途での利用が多くなっていると見られます。また、金沢21世紀美術館では、現代アート作品の展示を中心とし、展示内容を見てもらうだけでなく、有名になった「スイミング・プール」では来場者がプールというアート作品の中に入るという体験を提供しています。フォトジェニックな作品も多く展示し、子供をターゲットとするイベントも多く開催されています。無料ゾーンもあり、誰もが訪問しやすく、年齢を問わず楽しめることが特徴となり、地方にありながら多くの入場者を集めています。

　また、国立科学博物館ではホームページ上で、展示室やレストランごとの混雑状況を情報提供しています。このような仕組みも、来場してもらいやすくする仕掛けになっていると見られます。

　従来、ミュージアムはここにしかない作品を見せる場所であり、作品を提供することが集客の手段でした。今後は、作品やミュージアムそのものに興味を持ってもらうためのイベント等の取り組みにより、来館してもらえるようにする仕組みが重要な戦略となります。

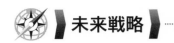

未来戦略

　ミュージアムビジネスの未来戦略は、イベント等下記3つの施策を通じ、展示内容、企画、ミュージアムに魅力を感じてもらい、入場者を獲得していくことです。そのためには、これまで以上に、ICTやオンラインを活用した取り組みも必要となります。

　　① 魅力づくりと情報発信

　　② リアル、オンラインによる展示会、イベント開催

　　③ 地域内外の施設との連携、共同イベント開催

①魅力づくりと情報発信

　ミュージアムには、展示作品だけでなく、施設そのもの、開催するイベント、併設するカフェやショップ、販売商品まで広い魅力があり、これらをトータルで魅せる点が特徴となります。施設の魅力を確認、整理、コンセプトを明確にし、施設運営を見直し、トータルコーディネートを考えます。そのうえで、広報や施設内外の展示でイベントを告知するだけでなく、ミュージアムの持つ各種の魅力について継続して情報を発信していくことが重要です。SNSは今や欠かせない手段であり、プレスリリースなどの広報手段も利用することで、広く効果的な情報拡散が期待できます。

②リアル、オンラインによる展示会、イベント開催

　展示会やイベントを、オンラインからも鑑賞、参加できるようにするものです。ホームページからオンラインで作品を展示する仕組みやメタバースの中にミュージアムを構築する手法も増えています。オンラインを通じて、より詳細な解説を提供するとともに、実際に施設へ来て実物を見たくなるように誘導できれば、オンライン作品を見た人が実際にミュージアムを訪問して展示作品を鑑賞し、施設そのものを楽しんでもらうことにつながります。すでに訪問した施設であっても、ほかでは体験のできないものであり、新たな顧客の開拓、リピーターの獲得につなげることが可能となります。また、子供たち向けのイベント開催は、将来のファンづくりともなり、親子での来場が期待できるものとなります。

③地域内外の施設との連携、共同イベント開催

　地域内の他施設との共催で、その地域にまつわる統一したテーマでイベントを開催することで、施設間で訪問者の周遊が期待できます。ミュージアム以外の施設も交えることで、これまでアートに興味のなかった人の利用も期待ができるため、新たな顧客の開拓にもつながります。また、地域外のミュージアムとは、やはり共通したひとつのテーマに基づき、相互に補完のできる関係を作ることができれば、地域が離れていても相互の集客につながるものとなります。①、②同様、オンラインを利用することで、広域のイベント開催が可能となります。

2022年度　動物園・水族館　年間入場者ランキング上位施設				
	動物園施設名	所在地	入場者数（人）	前年度比
1	東京都恩賜上野動物園	東京都	3,056,589	540.7%
2	名古屋市東山動植物園	愛知県	2,384,123	132.0%
3	天王寺動物園	大阪府	1,396,363	166.4%
4	旭川市旭山動物園	北海道	1,163,747	251.0%
5	東武動物公園	埼玉県	1,137,629	102.4%
	水族館施設名	所在地	入場者数（人）	前年度比
1	沖縄美ら海水族館	沖縄県	2,164,514	349.1%
2	名古屋港水族館	愛知県	2,063,477	156.7%
3	新江ノ島水族館	神奈川県	1,575,358	123.3%
4	横浜・八景島シーパラダイス	神奈川県	1,413,000	121.7%
5	サンシャイン水族館	東京都	1,300,000	144.4%

（出典：綜合ユニコム株式会社「レジャー施設 集客ランキング 2023」より）

現　状

　綜合ユニコム株式会社「レジャー施設 集客ランキング 2023」によれば、2022年度の動物園・水族館の入場者数は、コロナ禍以前に近い数字となった施設もあり、順調に回復している状況が見られます。

　動・植物園・水族館は公立の施設も多く、地域の住民サービスの一環となっているため、入場料が安価に抑えられていた側面があります。しかし、少子化の進展など厳しい経営環境にあって、指定管理制度を導入して民間の経営手法により収益化を目指すことで、観光客の取り込みなどにも積極的に取り組み、より多くの人に楽しんでもらえる施設づくりに移行している施設も見られます。

　コロナ禍前からの各施設での取り組みを見ると、夜間の開園が増えています。いつもなら入場することのできない夜の動物園、植物園、水族館という非日常体験を提供し、水族館ではプロジェクションマッピングなどを導入して幻想的に見せる新しい展示スタイルも提供されています。かつては子供や家族連れが主な顧客のターゲットであった施設に、若いカップル、海外からの観光客など、これまでとは違った層をターゲットとして受け入れる取り組みとなります。海外からの観光客に対しては、ナイトタイム観光を提供するものとなり、SNSで拡散されることで人気を集めました。少子高齢化が進み、既存の顧客市場が縮小していく中、新たな顧客層を開拓していくことはビジネスの基本でもあります。今後改めて回復が見込まれる海外からの観光客など、新たな顧客層を取り込むことは、事業を継続させるために重要な取り組みとなります。

未来戦略

　動・植物園・水族館ビジネスでは、投資対効果を得るために、より多くの顧客層を獲得することが必要とされます。これまでの顧客層に加え、さらに国内外からの観光客をターゲットとして取り込み、広く収入源を確保していく必要があります。未来戦略を考えるうえでのポイントは以下になります。

　① 提供コンテンツの価値向上、差別化

　② ターゲットに向けた興味の喚起、プロモーション

　③ 多様な収入源の確保

　①提供コンテンツの価値向上、差別化の事例ですが、愛知県蒲郡市の竹島水族館は小規模の水族館で、かつては入館者数の減少に悩んでいた時期もありましたが、この10年ほどの間に入館者数を大きく増やしています。施設のリニューアルとともに、展示内容、展示方法の見直しも行いました。例えば、手書きの解説プレートによる展示や生き物の紹介があり、水槽の脇に履歴書ならぬ「魚歴書」を掲示して、学術的な魚の解説ではなく、手書きのイラストを添えたユーモラスな内容で解説することにより、つい読んでしまう仕掛けを作りました。そのほかにも遊び心の多いアイデアが随所に見られ、行動展示にも注力しています。このような取り組みは、旭山動物園などでも取られた手法であり、コンテンツの価値を高め、「興味」「面白さ」「親近感」を引き出すことで、集客に結びつけることに成功しました。

　上記のような企画は、②のターゲットに向けた興味の喚起、プロモーションにつながります。多くの人に企画やアイデアを周知して、興味を持ってもらうことが重要です。長崎バイオパークのTikTokのフォロワーが2023年末時点で190万人を超えました。その多くが海外のフォロワーとなっており、海外に向けてのファンづくりの取り組みの結果によるものとなっています。サンシャイン水族館の「海月空感」のような「映える」写真を撮影してもらえる場所を提供し、SNSから発信してもらうための仕組みづくりも有効な取り組みとなります。

　③の収入源の獲得についてですが、京都府立植物園では園内での商業写真の撮影を有料としました。以前より園内で婚礼写真を撮影する人が多く、特に近年は外国人の利用も増えてトラブルも起きており、その対策のためということですが、園内事業を受託した民間企業の提案により実現したものです。このようなビジネス的発想や手法を取り入れ、新たな価値、サービスの提供により、収入源の獲得に取り組む姿勢が必要となります。

　今後、来場者を増やしていくことが期待される各施設では、しっかりと集客に取り組み、さらにリピーターづくりに取り組みたいものです。そのためには、来場者の声や、働くスタッフのアイデアを吸い上げて、事業の取り組みに反映していく仕組みも重要となります。

第 **2** 章

観光ビジネス（63分野）の現状と未来戦略

第 **8** 節

ニューツーリズムビジネス

8-1 MICEビジネスの現状と未来戦略

年別 国際会議の開催件数及びハイブリッド会議開催件数（2013 年〜 2022 年）

（出典：日本政府観光局（JNTO）「2022 年国際会議統計」より）

現 状

MICE は、観光庁によると「企業等の会議（Meeting）、企業等の行う報奨・研修旅行（インセンティブ旅行）（Incentive Travel）、国際機関・団体、学会等が行う国際会議（Convention）、展示会・見本市、イベント（Exhibition ／ Event）の頭文字のことであり、多くの集客交流が見込まれるビジネスイベントなどの総称とされています。

日本政府観光局（JNTO）が 2022 年 12 月に発表した国際会議統計によると、2022 年の日本での国際会議は 553 件とコロナ前からは回復基調となりましたが、2019 年比では 15.3 ％ に留まっています。分野別の構成比を見ると、「科学・技術・自然」が 281 件（50.8 ％）、「医学」が 124 件（22.4 ％）で、この 2 分野で全体の約 7 割を占めています。都市別外国人参加者数では、東京 23 区（8,174 人）、京都市（7,747 人）の 2 都市が全体を引っ張る形となりました。

国際会議協議会（ICCA）によると、2022 年は前年比 4.5 倍の 9,042 件となり、2019 年比の65 ％まで回復しました。大陸別の構成比では、ヨーロッパ（5,682 件、62.8 ％）、アジア（1,089 件、12.0 ％）、北米（1,068 件、11.8 ％）ですが、2019 年比で 7 〜 8 割回復している欧米に対し、アジアは約 4 割に留まり、回復の遅れが指摘されています。国別・地域別の開催状況では、欧米が上位を占めており、日本は唯一 15 位以内の 12 位に入りました。また、ハイブリッド開催会議の割合は、上位国の欧米では 10 〜 20 ％ 台に対し、日本では 6 割以上を占めています。

世界の MICE 開催都市を持続可能性の観点から評価する「Global Destination Sustainability Index（GDS-Index）」の 2023 年版で、韓国の京畿道高陽が 14 位でアジア首位となりました。日本では、札幌・熊本・高松が評価対象でしたが、いずれも 40 位以内に入りませんでした。

MICE は、コロナ禍を経て対面での重要性が再認識されています。再び、日本に足を運んでもらうためにも、サスティナブルへの対応や本当に参加してみたい価値を訴求する必要があります。

未来戦略

　MICEビジネスの未来戦略は、立地的に遠い日本にわざわざ来てもらえるような体験価値を提供し、多様性を踏まえたサスティナブルな運営をすることです。

　まず企画面として、国際会議では日本の強みである科学・技術分野並びに医療分野の誘致を積極的に進めることが大切です。JNTOでは2022年度も、人とロボットの関わり合いに着目した研究を行う坂本大介北海道大学大学院准教授を始め、3名のMICEアンバサダーを任命し、開催誘致や広報活動を実施しています。愛知・名古屋MICE推進協議会では、伝統産業から先端技術など多様な産業が集積している強みを活かした「テクニカルビジット」に取り組んでおり、改めて活動を強化しようとしています。また海外を含む市場規模が2兆円ともいわれる日本のアニメを活用し、聖地巡礼などを取り入れることも一案です。

　施設面では、大学やホテルなどの会場だけでなく、歴史的建造物や文化施設、あるいは商店街などの生活空間を取り入れた特別感や地域特性を演出する「ユニークベニュー」を活用することも重要です。京都文化交流コンベンションビューローでは、「ユニークベニューガイド」を作成し、二条城や水族館など魅力的な場所をお勧めしています。また、広島では、東広島市の「西条酒蔵通り」で「ユニークベニュー活用のモデル事業」を行いました。酒蔵の見学や試飲、座禅体験などを行い、知見を高めました。ほかにも、宮崎市観光協会ではMICE誘致に向け、繁華街ニシタチエリアにある「人情横丁」の貸切プランを始めています。日本人にとっては当たり前の原風景でも、外国人から見ると非日常な体験となるため、地域のストーリーに合ったユニークベニューの磨き上げが期待されます。

　これからのMICE誘致には、持続可能性も大きなポイントとなります。日本政府観光局（JNTO）は、2023年4月、国際会議誘致マニュアル（改訂版）・国際会議ハイブリッド開催マニュアル（新規）を制作しました。また株式会社ニューラルが運営する「Sustainable Japan」では、主要15都市を例に、環境に配慮された公共交通機関や安心・安全で健康的な社会、日本独自の歴史・文化や技術継承など、持続可能な特徴をアピールしています。

　リアルでの開催が見込まれるミーティング・インセンティブ旅行も、より日本の魅力を発信し体感してもらうことが重要です。観光庁では、2023年8月、「海外からのミーティング・インセンティブ旅行誘致競争力向上事業」を10社選定しました。「仙台ガストロノミープログラム実証事業」や「長崎奉行所流おもてなしイベント」など、特別感のあるコンテンツの磨き上げが期待されます。

　MICE誘致に向けて、ハイブリッド開催や持続可能性も意識し、日本独自の特別な体験や交流の場を提供することが重要です。

地域一体型オープンファクトリー

都道府県	オープンファクトリー名	都道府県	オープンファクトリー名		都道府県	オープンファクトリー名
福井県	RENEW	新潟県	GOSEN KNIT FES		北海道	Meet up Furniture Asahikawa
福井県	千年未来工藝祭	新潟県	燕三条　工場の祭典	東北	岩手県	遠野市しごと展
京都府	DESIGN WEEK KYOYO	新潟県	十日町きもの　GOTTAKU		福島県	OPEN FACTORY KORIYAMA
兵庫県	CRAFT VILLAGE	栃木県	かぬまオープンファクトリー		富山県	市場街(高岡クラフト市場街)
兵庫県	開工神戸-KOBE OPEN FATCORY-	埼玉県	彩の国オープンファクトリー	中部	石川県	GEMBA　モノヅクリエキスポ
大阪府	こーばへ行こう！	東京都	かつしかライブファクトリー		石川県	around
大阪府	みせるばやお	東京都	スミファ		岐阜県	関の工場参観日
大阪府	FactorISM	東京都	台東モノマチ		愛知県	ひつじサミット尾州
大阪府	大正・港・西淀川オープンファクトリー	東京都	浅草エーラウンド		三重県	こもガク
大阪府	ワークワクワク河内長野	東京都	おおたオープンファクトリー	中国	岡山県	つやまエリアオープンファクトリー
大阪府	泉州オープンファクトリー	山梨県	ニラサキオープンファクトリー		広島県	瀬戸内ファクトリービュー
奈良県	SGストリートNARA	山梨県	ハタオリマチのハタ印	四国	愛媛県	えひめさんさ物語オープンファクトリー
和歌山県	和歌山ものづくり文化祭	神奈川県	あやせ工場オープンファクトリー	九州	佐賀県	NEXTRAD
和歌山県	黒江るるる	静岡県	共生　ShizuokaCraftweek			

（出典：経済産業省近畿経済産業局ホームページより作成）

現　状

　産業ツーリズムは、観光庁のニューツーリズムの振興政策の中で、「歴史的・文化的価値のある工場等やその遺構、機械器具、最先端の技術を備えた工場等を対象とした観光で、学びや体験を伴うもの」と定義しています。

　全国産業観光推進協議会と公益社団法人日本観光振興協会は、2023年9月に「第16回産業観光まちづくり大賞」を発表し、金賞に福井県の「越前市 及び 一般社団法人越前市観光協会」を選出しました。「手仕事」の価値を活用した「観光にも対応できる産地」×「稼ぐ産業」を目指している点が評価されました。

　国土交通省総合政策局は、ダム・橋・港・歴史的な施設等のインフラ施設を観光するインフラツーリズムのポータルサイトを掲載しています。掲載される現場見学会数は、季節変動はあるものの、概ね年間300〜400件ほどとなっています。また、2023年10月には「インフラツーリズム拡大の手引き」を改訂しています。

　2023年11月に経済産業省近畿経済産業局は、「企業単体版オープンファクトリー事例集 3.0」を更新しました。また企業単体ではなく、地域一体型のオープンファクトリーも約40地域まで広がり、盛り上がりを見せています。

　アジア太平洋研究所によると、大阪・関西万博の「拡張万博」による経済波及効果を5,000億円と試算しています。その中でも、関西を中心とした「オープンファクトリー」にも期待が注がれています。

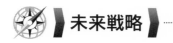

未来戦略

　産業ツーリズムビジネスの未来戦略は、地域の歴史的・文化的価値のある産業を再定義、地域一体となって魅力を発信し交流することです。

　工場見学もストーリーの時代です。「ラ コリーナ近江八幡（滋賀県近江八幡市）」は、たねや・クラブハリエのフラッグシップ店で、敷地全体で「自然を学ぶ」を体現しています。2023年1月には「バームファクトリー」を開設し、より身近に職人の姿やお菓子作りのこだわりを見学することができます。社員と八幡山の森づくりを行うなど、コンセプトに沿ったブランドづくりを行い、多くのファンを惹きつけています。また、2023年6月に「旭川デザインセンター」は3つのゾーンを新設し、ユネスコ・デザイン都市である旭川の「産業観光拠点」としてリニューアルオープンしました。常設のワークショップは土日に定期開催し、またオープンファクトリーとしても「Meet up Furniture Asahikawa 2023」を開催するなど、魅力的に進化しています。このように工場見学という静的なものから、ストーリーを感じてもらう動的な時代に移ってきました。

　オープンファクトリーによる地域連携も進んできました。香川県東部の「CRASSO実行委員会」は、2023年11月にオープンファクトリーである「CRASSO／2023vol.2」を開催しました。「瀬戸内の"ものづくり"を巡る旅」をコンセプトに、地元企業25社が連携し魅力を発信しています。当初は8社で企業向けに始まったこのイベントですが、第2回では四国経済産業局も連携し、無料デマンド交通「CRASSO号」を運行するなどサポートしています。

　また、オープンファクトリーが進んでいる近畿では、よりユニークな連携が登場しています。大阪府東大阪市内で行われた「こーばへ行こう！」では、「東大阪の女社長」という新作落語のお披露目とトークセッションが行われました。またその落語会場となった工場を含む3つの町工場と近畿大学発ベンチャーである株式会社IDEABLE WORKS（アイデアブルワークス）（東大阪市）が連携し、「町工場×アート連携」という実験的挑戦も始まっています。産業×落語、産業×アートといったコラボで、新しい価値を提供しています。

　インフラツーリズムも、単に見学するだけでなく、拡大の手引きを活用する時を迎えています。2023年7月、静岡県浜松市の新豊根ダムは50周年を記念し、売店やオープンカフェの営業、イベントの開催など、周辺地域を活性化する事業案を募集しています。

　地域を巻き込むオープンファクトリーに見られるように、産業ツーリズムで大事なことは、最初の仕掛け人とそれを支える中核的なメンバーの存在、さらには自治体などのサポートと主役となる産業（工場など）がひとつのチームを組むことです。そのONEチームで、地域を再定義し、ワクワクをつくることが重要です。

Host Market (trip destination)					
Host Market (trip destination) 2022			Host Market (trip destination) 2023		
1	United States	18%	1	United States	12%
2	Italy	9%	2	Peru	9%
3	Tanzania	7%	2	Italy	9%
4	Ecuador	5%	4	Japan	7%
4	Peru	5%	4	Ecuador	7%
6	Brazil	4%	6	Tanzania	5%
6	Germany	4%	7	Colombia	4%
6	Greece	4%			
6	Kenya	4%			
6	Netherlands	4%			
6	United Kingdom	4%			

（出典：「Adventure Travel Industry Snapshot」（ATTA 発表 May 2022 & June 2023）より作成）

現 状

　エコツーリズムは、環境省によると「自然環境や歴史文化を対象とし、それらを体験し、学ぶとともに、対象となる地域の自然環境や歴史文化の保全に責任を持つ観光のあり方」を概念としています。

　公益財団法人日本交通公社が2023年10月に発表した「旅行年報」によると、「行ってみたい旅行のタイプ」は、「温泉旅行」（48.6％）に次いで「自然観光」（46.0％）、「グルメ」（43.8％）、「歴史・文化観光」（38.9％）の順となっています。また、2020年の調査項目になかった「離島観光」は、男性30代以上、女性60代以上で上位10位以内となっており、自然や歴史への関心が高くなっています。国のエコツーリズム推進法に基づく認定で、2023年6月「まんのう町エコツーリズム推進協議会」、同年8月「屋久島町エコツーリズム推進協議会」、「甑島（こしきしま）ツーリズム推進協議会」、同年9月「神津島エコツーリズム推進協議会」が新たに加わりました。

　エコツーリズムとも関連の深いアドベンチャーツーリズムは、「アクティビティ」、「自然」、「異文化体験」の3つの要素のうち、2つ以上を組み合わせた旅行形態と定義されています。2023年9月に、北海道で「アドベンチャートラベル・ワールドサミット（ATWS）」が開かれ、世界60超の国と地域から約750人が参加しました。主催者である「Adventure Travel Trade Association（ATTA）」の2023年のレポートによると、旅行先としての日本は4位に上昇しており、海外からも注目が高まっています。

　自然と調和したツーリズムのため、より持続可能性が問われるとともに、ツーリズムを担う人材育成が急がれます。

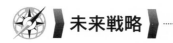

未来戦略

　エコツーリズムビジネスの未来戦略は、自然の価値を再確認し「あるがままの自然を体感」したり、「自然との対話の中で自己変革を感じられる」活動を推進することです。

　あるがままの自然を体感するには、認定制度を活用するなどの仕組みづくりが重要です。日本には世界遺産地域を含む国立公園として、自然遺産では屋久島、知床、小笠原、文化遺産では瀬戸内（嚴島神社）、日光（日光の社寺）、吉野熊野（紀伊山地の霊場と参詣道）、富士箱根伊豆（富士山）があり、自然に恵まれた環境にあります。「てしかがえこまち推進協議会（北海道川上郡弟子屈町）」は、2016年にエコツーリズム推進全体構想で国の認定を受けた後、2020年に硫黄山（アトサヌプリ）の噴気孔を特定自然観光資源に指定しました。また認定ガイド制度の仕組みも整備し、ツアーの開発・販売を行っています。資源保全と安全管理の取り組みや、人数制限とガイド認定制度の仕組みを整備しつつ、利用者に高付加価値な特別体験を提供することが評価され、第18回エコツーリズム大賞を受賞しています。また、観光地の国際認証機関「グリーン・デスティネーションズ（GD）」にも認められ、「世界の持続可能な観光地TOP100（2023）」にも選出されています。

　自然と対話しながら自己変革を感じるには、ここでしか味わえない魅力をアクティビティで表現する力が必要です。「株式会社 Endemic Garden H（沖縄県国頭村）」は、やんばる3村（国頭村・大宜味村・東村）をフィールドに、ツアーや宿泊業を営んでいます。築400年の古民家をリノベした一棟宿で、「海と人」、「神と人」、「森と人」、「音と人」、「蔵と人」、「技と人」、「畑と人」という多彩なテーマでもてなす演出が人気を呼んでいます。また「田辺市熊野ツーリズムビューロー（和歌山県田辺市）」は、国立公園である熊野古道とサンティアゴ・デ・コンポステーラ（スペイン）を巡礼した人を称える演出で、人を惹きつけています。共通の巡礼手帳を手に歩き、達成者には限定ピンバッチを贈呈しています。Adventure Travel Trade Association（ATTA）の2023レポートでは、人気のアクティビティは、「Hiking ／ Trekking ／ Walking（ハイキング／トレッキング／ウォーキング）」、「Cultural（文化（体験））」、「Culinary ／ Gastronomy（料理／美食）」、「Cycling（Mountain ／ Non-Paved Surface）（サイクリング）」、「Safaris ／ Wildlife Viewing（野生動物鑑賞）」、「Wellness-focused activities（ウェルネス）」となっています。特別なアクティビティではなく、丁寧な演出が大事なことが見て取れます。

　自然を演出するには、持続可能な取り組みとプロデュース力が必要となるため、より高度な人材を育成することで、ツーリズムの可能性が広がります。

8-4 コンテンツツーリズムビジネスの現状と未来戦略

『訪れてみたい日本のアニメ聖地88』2023年版（88作品 117自治体）

地域	自治体	題名	地域	自治体	題名	地域	自治体	題名	地域	自治体	題名
北海道・東北	函館市	薄桜鬼 真改	関東	東京都	BanG Dream!（バンドリ！）	関東	藤沢市	青春ブタ野郎はバニーガール先輩の夢を見ない	近畿	西宮市	涼宮ハルヒの憂鬱
	函館市	ラブライブ！サンシャイン!!		千代田区	STEINS;GATE		藤沢市	TARI TARI		西宮市	長門有希ちゃんの消失
	苫小牧市	僕だけがいない街		千代田区	ラブライブ！		箱根町	エヴァンゲリオン		和歌山市	サマータイムレンダ
	洞爺湖町	天体のメソッド		港区	デジモンアドベンチャー		箱根町	弱虫ペダル	中国・四国	倉吉市	宇崎ちゃんは遊びたい！
	むつ市	艦隊これくしょん -艦これ-		港区	ラブライブ！虹ヶ咲学園スクールアイドル同好会		上市町	おおかみこどもの雨と雪		倉吉市	ひなビタ♪
	仙台市	Wake Up, Girls! 新章		台東区	さらざんまい		金沢市	花咲くいろは		境港市	ゲゲゲの鬼太郎
	岩沼市	バクテン!!		台東区	刀剣乱舞ONLINE		山梨市	ゆるキャン△		三朝町	宇崎ちゃんは遊びたい！
	横手市	釣りキチ三平		墨田区	リコリス・リコイル		北杜市	スーパーカブ		岡山市	推しが武道館いってくれたら死ぬ
	会津若松市	薄桜鬼 真改		江東区	ラブライブ！虹ヶ咲学園スクールアイドル同好会		身延町	ゆるキャン△		呉市	艦隊これくしょん -艦これ-
	いわき市	フライングベイビーズ		世田谷区	ウルトラマンシリーズ		長野市	長門有希ちゃんの消失		竹原市	たまゆら
	須賀川市	ウルトラマンシリーズ		世田谷区	秒速5センチメートル		上田市	サマーウォーズ		尾道市	かみちゅ！
	伊達市	政宗ダテニクル		渋谷区	ラブライブ！スーパースター!!		小諸市	あの夏で待ってる		三次市	朝霧の巫女
関東	大洗町	ガールズ＆パンツァー最終章		豊島区	冴えない彼女の育てかた	中部	大町市	おねがい☆ティーチャー		宇部市	エヴァンゲリオン
	栃木市	秒速5センチメートル		豊島区	デュラララ!!		高山市	氷菓		観音寺市	結城友奈は勇者である
	館林市	宇宙よりも遠い場所		練馬区	デジモンアドベンチャー		多治見市	やくならマグカップも		土庄町	からかい上手の高木さん3
	川越市	神様はじめました		立川市	とある科学の超電磁砲		白川村	ひぐらしのなく頃に 業・卒		越知町	竜とそばかすの姫
	川越市	月がきれい		立川市	とある魔術の禁書目録		浜松市	エヴァンゲリオン	九州	長崎市	色づく世界の明日から
	秩父市	あの日見た花の名前を僕達はまだ知らない。		武蔵野市	劇場版「SHIROBAKO」		浜松市	ラブライブ！サンシャイン!!		佐世保市	艦隊これくしょん -艦これ-
	秩父市	心が叫びたがってるんだ。		昭島市	ゆるキャン△		沼津市	ラブライブ！サンシャイン!!		対馬市	アンゴルモア元寇合戦記
	秩父市	空の青さを知る人よ		調布市	ゲゲゲの鬼太郎		名古屋市	シキザクラ		五島市	蒼の彼方のフォーリズム
	所沢市	女子高生の無駄づかい		町田市	デート・ア・ライブ		名古屋市	八十亀ちゃんかんさつにっき		熊本市	ケロロ軍曹
	飯能市	ヤマノススメ Next Summit		小金井市	おちこぼれフルーツタルト		名古屋市	ゆるキャン△		芦北町	放課後ていぼう日誌
	藤岡市	さよなら私のクラマー		日野市	薄桜鬼 真改		豊田市	シキザクラ		種子島	秒速5センチメートル
	和光市	冴えない彼女の育てかた		東村山市	女子高生の無駄づかい	近畿	熊野市	凪のあすから		種子島	ROBOTICS;NOTES
	久喜市	らき☆すた		西東京市	ケロロ軍曹		熊野市	いなり、こんこん、恋いろは。		八重山諸島	のんのんびより ばけ〜しょん
	横瀬町	心が叫びたがってるんだ。		神津島村	ラブライブ！スーパースター!!		京都市	有頂天家族2		南城市	白い砂のアクアトープ
	千葉市	俺の妹がこんなに可愛いわけがない		横浜市	文豪ストレイドッグス		京都市	であいもん		南風原町	ウルトラマンシリーズ
	千葉市	やはり俺の青春ラブコメはまちがっている。		横須賀市	艦隊これくしょん -艦これ-		京都市	薄桜鬼 真改			
	銚子市	アマガミSS		横須賀市	スロウループ		舞鶴市	艦隊これくしょん -艦これ-			
	東京都	ソードアート・オンライン		横須賀市	ハイスクール・フリート		京田辺市	一休さん			

（出典：一般社団法人アニメツーリズム協会ホームページより）

現状

コンテンツツーリズムとは「コンテンツを活用した地域観光振興であり、物語性を観光資源として活用すること」にあります。コンテンツには文学や映画、ドラマ、マンガやアニメなどが含まれます。

代表的なものには、映画のロケ地を巡る「フィルムツーリズム」やアニメの舞台となった地を巡る「アニメツーリズム（「聖地巡礼」）」などがあります。

2016年に設立された「一般社団法人アニメツーリズム協会」では毎年、「訪れてみたい日本のアニメ聖地88」を発表しており、これは実際のファンが投票した結果をもとに事務局が協議・決定する取り組みとなっています。2023年版では、名古屋市と豊田市では『シキザクラ』、和歌山市では『サマータイムレンダ』、京都市では『であいもん』など、新たな作品や地域が選ばれました。

観光資源としてのコンテンツツーリズムの良い点は、そのコンテンツがヒットしさえすれば観光地への新たな流入客を見込むことができ、また、ターゲットとなる観光客も明確であることです。一方で、難しい点は、その作品がヒットするかは不確実であり、また作品のヒット直後はブームが続くものの一定の期間が過ぎると効果が薄まることです。そのため、ブームになった際には、地域と作品を連携させて、そのブームの効果をいかに持続化させるかが重要となってきます。

未来戦略

　コンテンツツーリズムには、2つの大きな流れがあります。ひとつは、映画やドラマなどを誘致し、地域・行政から仕掛けることができる場合です。もうひとつは、アニメなどの「聖地巡礼」のように、ファンのほうからブームに火が付き、地域がそれに対応していく場合です。そして、どちらの方法でも共通している課題は、ブームを持続させることと、経済的な効果につなげることです。

　地域が映画やドラマなどを誘致することは簡単ではありませんが、近年は「フィルムコミッション」と呼ばれる地域の自治体・観光協会などが連携した非営利団体により、撮影誘致活動が各地で行われています。例えば、2020年に「第10回ロケーションジャパン大賞」にて準グランプリに選定されたNHK『連続テレビ小説なつぞら』は、30もの行政や経済団体などが協議会を設立し、ロケ支援や情報発信、イベント開催など地域一丸となって取り組んだことが評価されました。しかしながら、一般的に、大河ドラマやNHKドラマのようなメジャーなコンテンツでさえ、ブームの期限は概ね放映後2〜3年程度と見られています。そのため、今後はこれらの繋がりを活かし、継続的な観光につなげられるような取り組みを継続することが重要であると考えられます。

　アニメやドラマなどの「聖地巡礼」、これらの起源は古く、1980年代、大林宣彦監督による「尾道三部作」といわれる『時をかける少女』『転校生』『さびしんぼう』の舞台となった広島県の尾道や、1990年代にアニメ化された『究極超人あ〜る』に出てきた長野県飯島町にあるJR飯田線の田切駅などがあります。ただし、この当時は一部の熱心なファンが現地を訪れるのみで、目立った経済波及効果は見られませんでした。しかし、その後、2007年にアニメ化された『らき☆すた』では放映開始より10年で30億円以上の経済波及効果を生み出したといわれています。

　そして、最近ではこのような熱狂的なファンが、作品ゆかりの地を訪れた際にSNSなどに投稿・拡散させることでブームを引き起こし、SNSを通じて新たな層にも情報を発信していきます。また、一度ブームに火が付くと、企業のタイアップなども加速度的に行われ、よりライトな層をも巻き込んでいきます。そのため、もともとは自発的なブームが中心と考えられてきたアニメの聖地巡礼ですが、近年では制作者と地方の自治体や事業者が連携して、意図的に地域から仕掛けて成功するような大洗町の『ガールズ＆パンツァー』事例なども出てきています。現状にも記載した和歌山市の『サマータイムレンダ』では地元の南海電気鉄道が「サマータイムレンダ巡りきっぷ」を発売したり、京都市の『であいもん』では叡山電鉄株式会社が作品由来のスタンプラリーを発売するなどしています。

　自発的な「聖地巡礼」にしても、地域が仕掛ける映画やドラマなどの「ロケ誘致」にしても、その地域資源（土地、文化、人）と作品を結びつける人や組織の役割および継続的な取り組みによって、地域とコンテンツをつなぎ、ファンと一体となった好循環を継続的に作り出すことが重要です。

順位	最も好きなスポーツ (単数回答)		よく観戦するスポーツ (複数回答)		行っているスポーツ (複数回答)		今後したいスポーツ (複数回答)	
	「最も好きなスポーツ」「よく観戦するスポーツ」「行っているスポーツ」「今後したいスポーツ」							
1	野球	19.4% (1.4pt)	野球	33.2% (2.3pt)	ウォーキング	19.8% (0.7pt)	ウォーキング	21.7% (2.1pt)
2	サッカー	10.9% (1.1pt)	サッカー	25.2% (4.8pt)	ジョギング・ランニング・マラソン	7.6% (0.4pt)	ジョギング・ランニング・マラソン	9.2% (▲0.2pt)
3	バレーボール	4.6% (1.3pt)	バレーボール	10.2% (0.3pt)	ゴルフ	4.6% (▲0.1pt)	ヨガ・気功・太極拳	9.1% (0.2pt)
4	ウォーキング	4.2% (▲0.3pt)	スケート・フィギュアスケート	9.9% (▲1.2pt)	体操・トレーニング・エアロビクス	4.5% (▲0.5pt)	ハイキング・登山	7.2% (0.3pt)
5	スケート・フィギュアスケート	3.7% (0.5pt)	バスケットボール	8.0% (1.9pt)	サッカー	4.2% (0.2pt)	体操・トレーニング・エアロビクス	6.9% (0.7p)

（出典：三菱ＵＦＪリサーチ＆コンサルティング、マクロミル共同調査「2023年スポーツマーケティング基礎調査」より）

現　状

　スポーツツーリズムは、「観る」、「する」という観点があり、スポーツ観戦、スポーツをするための旅行や周辺地域への観光、地域やスポーツを支える人々との交流まで、スポーツを軸に広く観光資源として捉えるものとなります。「観る」は、プロ野球などのプロスポーツからオリンピックや世界大会などイベント観戦を、「する」は、スキーやマラソン、サイクリングなど、自ら参加、体験することがツーリズムの目的となります。沖縄県のNAHAマラソンは、観光の閑散期となる12月に開催され、国際通りやさとうきび畑の間を走り、沿道で応援する地域住民とのふれあいがあり、通常の観光旅行では味わえない体験ができます。多くの人が飛行機で移動し、宿泊し、レースに参加します。さらに、地域観光、飲食、土産の購入が期待できます。冬でも温暖な沖縄では、年間を通して快適にスポーツを楽しめるため、シーズンに関係なく、スポーツが地域への集客につながっています。

　スポーツは世界共通の言語で、国内外から集客が見込めます。2023年は、FIBAバスケットボールワールドカップが沖縄で開催されました。沖縄はバスケットボール熱の高い地域で、国内外から多くの人が応援に駆け付けました。日本が優勝を飾ったワールド・ベースボール・クラシック（WBC）では、アメリカ、日本など各地で予選が行われ、多くの野球ファンが国内外を問わずゲーム観戦を楽しんだのは記憶に新しいところです。

　経済効果が広く及ぶ点はスポーツツーリズムの特徴です。2023年3月、北広島市にオープンした北海道ボールパークFビレッジは、球場を中心とし、ホテル、レストラン、ショッピング、住宅を含めた地域づくりを行いました。オープン前に年間300万人の来場者を予測し、経済効果は211億円と予想されましたが、実際は9月に来場者数300万人を超え、予想以上の効果を得ています。

　「2023 年スポーツマーケティング基礎調査」の結果を見ると、国内で人気のあるスポーツは、やはり野球、サッカーになりますが、行っているスポーツ、今後したいスポーツでは、ウォーキング、ジョギング等が上位を占めています。また、2018年にスポーツ庁が発表した「スポーツツーリズムに関する海外マーケティング調査報告書」では、訪日外国人が日本で経験したい「する」スポーツでは、ウォーキング、登山・ハイキング等、ジョギング等、サイクリング、スキーなどスノースポーツが上位を占めています。降雪のないアジアからの観光客のスノースポーツ体験へのニーズは特に高い傾向がありますが、ウォーキング、登山・ハイキング、サイクリングは国を問わず高い水準となっています。軽装のまま、どこででも体験のできる手軽さ、年齢を問わず自分のペースで楽しめる点が支持を得られる要素と考えられます。例として、ウォーキング、ハイキングでは、熊野古道のような整備されたルートがあり、ガイドを付ける選択肢があります。サイクリングでは、「ビワイチ」と呼ばれる琵琶湖一周や尾道市と今治市を結ぶしまなみ海道のような長距離でサイクリングを楽しめるもの、飛騨高山のように里山をガイドとともに回るツアーなど、海外でも人気のあるものがあります。

　日本は小さな島国ですが、南北に長く、地域ごとの特色や四季ごとの見どころがあります。それぞれの特徴を楽しんでもらえるルートを設定し、複数の地域を結び、移動の途中にそれぞれのエリアを楽しめる仕組みを提供します。そのためには、地域を超えた連携と、宿泊、休憩や飲食のできる場所、体験・アクティビティや土産品を購入できる場所を周遊できるルート設定が重要です。また、移動の手段として、年齢や体力を考慮して、ウォーキング、サイクリング、里山のトレッキングなどを選択肢として楽しめる仕組みが必要となります。サイクリングの場合は、スポーツタイプのもの、E-Bikeと呼ばれるスポーツタイプの電動アシスト自転車などを揃え、利用者ニーズに対応できる自転車のレンタル提供も必要となります。

　いずれにせよ、整備されたルートで、道に迷わないための多言語マップや道案内が設置されていること、さらに、ルートのバリエーション、ガイドを付ける選択肢があるなど、利用者のニーズに応えられるサービス提供の選択肢が求められます。今後、訪日外国人観光客も増加することで、さらに日本のコアなファンが増加していくことが予想されます。日本をより深く知るために、これまでは日本人の観光客がほとんどであった地域にも多くの外国人が訪れることが予想されます。

　このようなスポーツツーリズムでは、地域の名所や自然遺産を自分の足を使って観ることができ、バスで周遊するだけのツアーでは味わえない感動を得ることができます。自ら旅を作ることで自分だけの観光体験ができるスポーツツーリズムは、今後多くのニーズを集めることが可能です。地域の空気を肌で感じる体験を提供することがスポーツツーリズムビジネスの重要な未来戦略となるでしょう。

日本人の旅行先での活動（複数回答）(%)			
順位	現地活動	2019年	2022年
1	温泉	37.5	41.6
2	現地グルメ・名物料理	35.9	36.4
3	自然や景勝地訪問	39.5	35.3
4	まち並み散策・まち歩き	32.0	27.7
5	ショッピング・買い物	25.7	25.6
6	歴史・文化的な名所訪問	29.8	24.2
7	都市観光	19.5	14.2
8	観光施設・動物園・水族館	11.2	10.5
9	テーマパーク・レジャーランド	10.2	9.3
10	ドライブ	6.8	7.8
11	家族・親戚・友人・知人訪問	7.1	6.2
12	美術館・博物館	7.0	6.1
13	芸術鑑賞（観劇・コンサートなど）	4.9	4.4
14	祭り・イベント	6.9	4.3
15	リゾート（海浜）滞在	4.7	3.9
16	リゾート（高原）滞在	3.4	3.3
17	季節の花見	4.7	3.1
18	スポーツ観戦	2.7	2.9
19	世界遺産訪問	3.3	2.7
20	写真・写生	3.9	2.6

訪日外国人が今回の滞在中にしたこと（複数回答）(%)		
今回したこと	2019年	2022年
日本食を食べること	96.6	98.4
ショッピング	82.8	76.9
繁華街の街歩き	74.6	59.9
日本の酒を飲むこと	42.3	51.8
自然・景勝地観光	65.9	46.8
日本の歴史・伝統文化体験	28.7	27.0
日本の日常生活体験	22.5	26.3
温泉入浴	32.0	22.3
美術館・博物館等	29.3	22.3
旅館に宿泊	26.9	16.9
四季の体感	13.7	15.7
テーマパーク	20.7	14.1
日本のポップカルチャーを楽しむ	13.5	9.9
自然体験ツアー・農漁村体験	7.0	6.2
映画・アニメ縁の地を訪問	4.6	5.3
舞台鑑賞	3.7	2.8
その他スポーツ	1.5	1.8
スポーツ観戦	2.9	1.5
治療・検診	0.9	1.5
スキー・スノーボード	2.8	0.6

（出典：日本総研　JTBF「旅行年報　2022」より抜粋加工）
注1.順位は2022年の高い順
注2.グレイ欄は文化観光対象（観光ビジネス研究会設定）

（出典：観光庁「訪日外国人の消費動向」2020年
及び2022年年次報告書より抜粋加工）

現状

　カルチャーツーリズムとは、観光旅行者が世界遺産や無形文化遺産、独自の歴史に根差した文化財や祭り・伝統芸能・史跡・生活など文化的な観光資源と触れ合い、これに関する知識および理解を深める観光で、文化観光とも呼ばれています。

　文化庁は、2020年に文化観光推進法を施行し、文化財の保護・保存から積極的活用・保存に方向転換し、文化財への再投資と経済的好循環を図るべく拠点計画および地域計画を認定し重点的に支援をしています。（2023年9月現在までに全国51拠点を認定）

　上表は、日本人観光客および外国人観光客が旅行先で実施した行動の上位20位です。2022年とコロナ禍以前最も観光旅行客が多かった2019年と比較をすると、文化観光の色彩の強い項目のみ見ると、2022年で2019年より回答数比率が高いのは、日本人観光客では「現地グルメ・名物料理」のみ、外国人観光客については「日本食を食べること」「日本の酒を飲むこと」「日本の日常生活体験」「四季の体感」「映画・アニメ縁の地訪問」のみとなっています。コロナ禍後の文化観光の活性化が期待されます。

未来戦略

　これまでのカルチャーツーリズムは、日帰りなど短時間観光が多く、しかも収入源は「文化施設の入場料」「文化体験料」「土産物代」などが中心で、地域の経済への寄与も限定的であることが大きな課題となっています。

　こうした課題を克服し、地域の経済への寄与を拡大するための方策は、メインの観光コンテンツを中心に地域の魅力を高めるとともに、観光客に宿泊を促し、その地域での観光客の滞在時間の長期化を図ることです。観光客は国の内外を問わず旅行先での飲食、温泉、自然景観、ショッピング、まち歩きを楽しんでおり、これらをメインの文化観光素材に適切に組み合わせるのが効果的です。

　観光コンテンツを中心に地域の魅力を高める具体的方策としては、例えば、美術館や音楽イベントでは、コンテンツそのものの充実に加え、鑑賞後に余韻を楽しむ「気の利いたカフェやレストラン・みやげもの屋」などの整備が考えられます。また、伝統工芸であれば「ものづくり体験」、博物館であれば、「展示物の修復作業見学」、舞台イベントの「舞台裏の見学」なども合わせることにより一歩踏み込んだツアーとして喜ばれそうです。

　滞在時間の長期化を図るには、ターゲットとなる観光客のニーズに対応する宿泊施設の整備が必要です。観光客にとって、「農泊」「民泊」「寺泊」や「古民家」「レトロ建築物」など地域で育まれた建築物で非日常的な環境での宿泊は魅力があります。また、周辺で夜も楽しむことができればさらに地域の魅力度が高くなります。例えば、自然景観や建造物もライトアップにより昼間とは異なる魅力を演出できます。また、夜の音楽イベントや夜間ミュージアムの公開も喜ばれるでしょう。（9-6「ナイトタイムエコノミービジネス」の項参照）

　なお、前述の文化観光推進法施行により認定された拠点計画および地域計画は、地域の観光素材を総合的に活用して観光の活性化を図る取り組みであり、今後の進展が期待されます。

　観光コンテンツは、ターゲットに応じた内容で発信される必要があります。例えば、外国人観光客には、地域文化を育んだ背景や歴史などを丁寧に説明する「パンフレット、看板、ガイドによる説明、Webサイト」などが必要です。ターゲットの国・地域・年齢層の人々の関心を惹きつけるためには外国人のファムトリップ（インフルエンサーや旅行代理店対象の現地視察旅行）を活用する方法などもあります。また、文化観光の奥深さをアピールするには、オンライン観光も活用ができそうです。

　上記に加えて、観光客の満足を獲得するには、「観光コース説明・コンテンツ案内・相談・提案・予約・ガイドの手配」などの総合的なサービスを提供する組織とこれを担う人材が必要です。特に、この人材の確保・育成への投資は不可欠です。

ヘルスツーリズム認証 2023 年 新たに認証交付されたプログラム			
プログラム名	事業者	所在地	ブロック
小田原合戦ヘルスツーリズム (一夜城潜入コース／小田原城総構攻略コース)	一般社団法人 小田原市観光協会	神奈川県 小田原市	関東
太鼓体験で楽しく健康づくり	一般社団法人 佐渡観光交流機構	新潟県 佐渡市	北陸／甲信越
初めての方限定 「ファスティング(断食)体験プラン」	アイウェルネス株式会社	静岡県 伊東市	東海
ウェルネスウォーキング＆ホテルランチ	ザ・プリンス 京都宝ヶ池	京都府 京都市	関西
森林公園で寿ぐ葉っぱづくしのリトリート Green and leafy wellness retreat	京丹後森林公園スイス村 (株式会社エーゲル)	京都府 京丹後市	関西
有馬温泉周辺の観光セラピーウォーキング＆ カジュアルヨーガ	有馬温泉太閤の湯	兵庫県 神戸市	関西

(出典：ヘルスツーリズム認証委員会ホームページより作成)

現　状

　特定非営利活動法人日本ヘルスツーリズム振興機構では、ヘルスツーリズムを「健康・未病・病気の方、また老人・成人から子供まですべての人々に対し、科学的根拠に基づく健康増進を理念に、旅をきっかけに健康増進・維持・回復・疾病予防に寄与する」ものと定義しています。また、ヘルスツーリズムは、健康増進を目的とした「疾病予防」と、病気の早期発見や早期治療を目的とした「メディカルツーリズム(医療インバウンド)」とに大別されます。

　経済産業省は2018年から、特定非営利活動法人日本ヘルスツーリズム振興機構、日本規格協会ソリューションズ株式会社、一般社団法人日本スポーツツーリズム推進機構の3団体に運用を任せる形で「ヘルスツーリズム認証制度」を開始しました。2023年には新たに6団体がプログラムの認証を受けています。利用者にとって「安心・安全」、「楽しさ・感動の情緒的価値」、「健康への気づき」という3つの品質が保証されたサービスが一目でわかるように「見える化」されると、新しいスタイルの旅を選択する楽しみが増えていきます。

　本来のメディカルツーリズムとは、自国より医療水準の高い国へ行き、治療や検診などを受けることをいい、タイやシンガポールなどでは進んでいます。世界的な市場規模はPatients Beyond Bordersによると、2030年には3,000億米ドル(約40兆円)と予想されています。日本でも2011年より、医療滞在査証(医療ビザ)が発行されていますが、手続きの煩雑さや国民皆保険制度による国民性の違いなどで、まだ活発化はしていません。

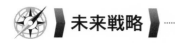

　ヘルス／メディカルツーリズムビジネスの未来戦略は、地域資源を新たに観光で磨き上げ、未病から特定疾患さらには心身のリフレッシュをトータルにサポートするプログラムを作ることです。キーワードとして「健康ウォーキング」「森林浴」「温泉浴」「水中運動」「食事」「健康相談」などがあり、組み合わせることにより魅力が大きくなります。

　ヘルスツーリズム認証制度のプログラムにおいて、山形県上山市では、非日常空間で心と体を癒したい中高年の方、心身の健康的な行動を体験したい方、生活習慣病を改善したい方などを対象に複数のプログラムを企画しています。歴史ある温泉や郷土料理の食文化とウォーキング、クナイプ方式水治療などを組み合わせており、健康寿命延伸につながるような心身をリフレッシュすることが体験できます。

　開湯1300年の歴史情緒あふれる群馬県みなかみ町では、四季折々の自然を生かした「スノーシューハイキング」、「沢ハイキング」、「歴史街道を歩くノルディックウォーク」などのプログラムを企画しています。都市生活のストレスを軽減したい方や、老若男女を問わず若々しく健康でありたい方などに、自然の中で身体本来の感覚を取り戻して、健康に対する気づきを与えてくれます。

　京都府京丹後市は、百歳以上の方（百寿者）の割合が全国平均の約3倍という"長寿のまち"です。先人の「百寿人生のレシピ」を学んで味わい、ジオパークのレトロな漁師町をガイドと一緒にウォーキングするプログラムを企画しています。日本海を望む里山や森林ウォーク、星空観賞、美人の湯も体験でき、心身を癒された健康的な暮らしの気づきが得られます。参加者に学びや気づきを提供しリピーターを増やしていくことが持続可能なツーリズムにしていくためにも大切です。

　メディカル分野では、大阪・関西万博の閉幕後、会場跡地を国際医療拠点として活用することに注目しています。医療目的で来日する外国人に対して、検査・診察をしたうえで最先端医療が受けられる病院に橋渡しをするハブ施設を検討しているようです。大阪・関西万博においては、大阪府と大阪市が医療や健康をテーマに「大阪ヘルスケアパビリオン」を出展予定です。実現に向けては参加事業者探し、外国人医師の獲得などハードルも大きいですが、関西地区は再生医療などの医療技術が高く、医療サービスを受けるために訪日する医療滞在ビザの発給件数も2022年1,804件と過去最多で増えており、今後の活性化に期待できます。

　ヘルス／メディカルツーリズムの進展で健康寿命立国を目指すことが、国内外のツーリズム需要を取り込むことにつながります。

8-8 ウェルネスツーリズムビジネスの現状と未来戦略

市場分野	市場金額		
	2020年	2022年	2025年予測
世界ウェルネス市場	$4.4trillion (466兆円)	$5.6trillion (592兆円)	$7.0trillion (910兆円)
パーソナルケア・ビューティ・アンチエイジング	$955b (101兆円)	$1,089b (115兆円)	$1,412b (183兆円)
フィットネス	$946b (100兆円)	$976b (103兆円)	$1,209b (157兆円)
健康食・栄養・ダイエット	$738b (78兆円)	$1,079b (1 14兆円)	$1,198b (155兆円)
ウェルネスツーリズム	$436b (46兆円)	$519b (55兆円)	$1,127b (146兆円)
予防・オーダーメイド医療・公衆衛生	$413b (44兆円)	$611b (65兆円)	$582b (75兆円)
伝統医療・補完医療	$375b (39兆円)	$398b (42兆円)	$478b (62兆円)
ウェルネス不動産	$275b (29兆円)	$181b (19兆円)	$580b (75兆円)
メンタル・ウェルネス	$131b (13兆円)	$105b (11兆円)	$209b (27兆円)
スパ	$68b (7兆円)	$46b (5兆円)	$150b (19兆円)
温泉・鉱泉	$39b (4兆円)	$51b (5兆円)	$89b (11兆円)
職場環境	$49b (5兆円)	$49b (5兆円)	$58b (7兆円)

世界ウェルネス市場

(2025年 1 $：130円で換算)
(出典：GWI 2022年グローバル・ウエルネス・エコノミー・モニターより作成)

現 状

　ウェルネスツーリズムは、わが国では明確な定義は確立されていませんが、健康回復・維持・増進につながる健康増進プログラムなどを提供する点では、ヘルスツーリズムと共通しています。一方で、ウェルネスツーリズムのほうがより広範囲な概念で、温泉（スパ）、運動、健康食、リラクゼーションなどさまざまなコンテンツにより、心と身体の健康を高めて自己実現を達成し豊かな人生を送るライフスタイルに寄り添うツーリズムです。心と体をリフレッシュして新しい自分に生まれ変わる旅ともいわれています。

　グローバルウエルネスインスティチュート（GWI）によると、世界ウェルネスツーリズム市場は2017年から2019年にかけ毎年8％の成長でしたが、新型コロナウイルス感染症拡大により2020年は一旦市場が縮小することになりました。しかし、2025年に向けては市場規模が1兆1,270億ドル（約146兆円）まで大きく拡大すると予測しています。また、日本の全ウェルネス市場規模は約45兆円でアメリカ、中国、ドイツについで4位であり世界の中でも注目されています。

　高齢人口が急速に増大するわが国では、日常的・継続的に医療・介護に依存しないで自立した生活ができる健康寿命を延伸させる取り組みに関心が高っています。厚生労働省より「温泉利用型健康増進施設」の認定を受けた施設で、医師の指示に基づき温泉療養を受けると、施設の利用料金、施設までの往復交通費について、所得税の医療費控除を受けることができることから、施設認定の取得は利用者にとって負担軽減になります。2022年11月現在、全国25施設が「温泉利用型健康増進施設」の認定を受けています。こうした背景から、健康維持や精神的幸福を高めることを目的としたウェルネスツーリズムは、ますます注目を集めそうです。

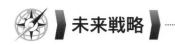

未来戦略

　需要拡大が見込まれるウェルネスツーリズムは、地方創生の重要なコンテンツになり得ると考えます。未来戦略は、着地型観光として来訪者のニーズとその地域ならではの観光資源は何かを考え、それらを組み合わせてウェルネスツーリズムメニューとして提案し、おもてなしすることです。株式会社JTBの「旅行年報2023」によると、国内旅行先で最も楽しみにしていることは「温泉に入る」と「おいしいものを食べる」が2トップとなっており、旅行にとっては「温泉」は欠かせないものとなっています。ウェルネスツーリズムにおいても、全国で27,000を超える源泉数を有する「温泉資源」、四季折々の「自然」、地産地消やオーガニックなど新鮮な「食」が重要なアイテムです。これに、ウォーキング、ジョギングといった「運動メニュー」、さらには「アロマ」や「マッサージ」といったその地域ならではのプログラムなど魅力的なコンテンツを組み合わせ、発信していくことが求められます。

　また、ウェルネスとは継続的に心身の健康を求めるライフスタイルであることから、定期的なリフレッシュを求めツーリズムに参加するリピーターのための環境を整えることが大切です。宿泊施設では、滞在中の食事を飽きさせないようなメニュー開発や近隣のレストランや旅館と提携し泊食分離を導入するなど地域連携も重要となります。

　沖縄県の「星のや沖縄」では、自然・文化・食事を通して心身のバランスを整える「琉球養生」が3泊4日で体験できます。雄大な自然でリラックスし、琉球空手・舞踏、鍼灸指圧などで緊張と弛緩を体感。琉球食材を使った薬膳料理や泡盛をいただき、心身カウンセリングのコンサルテーションも受けられるなど、大自然や文化と触れ合い、ゆったりと自分自身の心と身体に向き合う素敵な時間を過ごせます。

　また、山梨県大月市の大月市ロハス村雪水舎では、富士山を始めとした山に恵まれた環境の中、座禅・ワークショップ・温泉・岩盤浴などで心身を整える1泊2日の旅が楽しめます。断食や食養で体をデトックスし、瞑想やヨガで自分と向き合い、僧侶によるワークショップなど一般の宿泊施設にはないものを体験できることが大きな特徴です。これら事例のとおり、具体的なコンテンツの造成およびリピーター獲得のためには、その地域ならではの観光資源を盛り込み差別化を図ることが重要となります。

　わが国は温泉、和食、四季折々の自然や独自文化などの豊富な観光資源を有していることから、ウェルネスツーリズム先進国であるヨーロッパを始めとした世界にこれらを活用したメニューを発信し、今後本格的な回復が見込まれるインバウンド需要を取り込むことも重要な対策となります。

8-9 オンラインツーリズムビジネスの現状と未来戦略

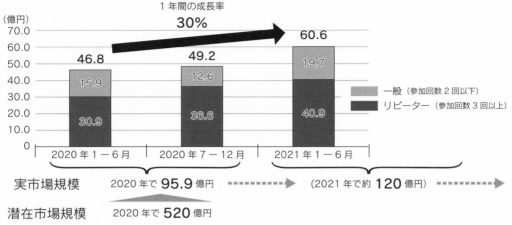

「オンラインツアー」の市場規模（推計値）

（出典：三菱UFJリサーチ＆コンサルティング株式会社資料より）

現　状

　新型コロナウイルス感染症の拡大によるニューノーマル時代の到来で、新たな旅のスタイルとして観光DXの代表格である「オンラインツアー（バーチャルツアー）」が注目されています。三菱UFJリサーチ＆コンサルティング（株）によると、2020年1年間の「オンラインツアー」の市場規模を95.9億円と推計しています。また同社のアンケート調査によると、コロナ収束後もオンラインツアーに参加したいとした人が7割を超えるとの結果もあり、潜在的な市場規模は520億円と推定され、今後需要が見込めると考えられます。

　オンラインツアーは旅行会社等のホームページで直接予約するほか、ONTABIのようなオンラインツアー検索サイト経由で行うのが一般的です。小規模事業者でもオンライン会議ツールやSNSを活用して手軽に提供できるため、独創性のある魅力的なコンテンツが全国各地からだけでなく海外からも発信されています。観光地や穴場スポットを名物ガイドがライブ中継するタイプや、ご当地料理教室や大自然の中でのヨガ教室など体験型のタイプがあります。なかでも「ライブ配信型」のオンラインツアーの人気が高く、香川県で"コトバス"の愛称で慕われている琴平バス（株）は2020年5月に地域密着型のバス会社として全国初のオンラインバスを事業化しました。

　オンラインツアーは収益面や、リアル感を出すための案内ガイドのコミュニケーションスキルなど課題もあります。アフターコロナを迎え、新しい旅のスタイルを広げていくために、オンラインでの顧客接点とオフライン面のリアルな旅を融合させたOMO（Online Merges with Off-line）マーケティングも大切となります。

未来戦略

アフターコロナにおいてリアルな観光への需要が増大することになりますが、三菱UFJリサーチ＆コンサルティング（株）の調査結果によると、オンラインツアーは必ずしもリアルな観光の代替需要としての位置づけではないといえます。参加目的が「今後の旅行を予定・検討している先の情報収集」などであることから、観光地の魅力を発信することによりリアルの旅行への誘引効果が期待できると考えられます。

そのためプロモーション手段としてオンラインツアーを実施する場合は、今後の来訪のきっかけとなるような、「現地に行きたい」と思わせる魅力的なコンテンツづくりが求められます。単独事業者でも可能ですが、地域が連携し、地方自治体や観光DMOが旗振り役となって全国・海外に魅力を発信することも必要です。例えば、VRやドローンを活用したパノラマ映像で地域の観光スポットを紹介したり、地域事業者の活動や人々の暮らしを横断的に紹介したり、インバウンド回復に向けた多言語対応のオンラインツアーを実施したりすることも考えられます。

新しい観光のスタイルとしてオンラインツアーを定着させる場合は、収益性の向上が課題です。客単価を上げる取り組みとして、地域の特産品をセットにしたオンラインツアーが増えています。オンラインツアーとEコマースの高い親和性を活用し、事前・事後の物販を絡める仕組みを整備します。客数を増やす取り組みとしては、団体向けのオンラインツアーがあります。例えば、コミュニケーション活性化のための社員旅行、各種団体による視察旅行、小中高校生向けのプレ修学旅行などに活用できることをPRします。リピート率を高める取り組みとしては、地域の観光関連事業者や自治体などと連携し、コンテンツ数を増やすことが重要です。リアルに近いオンラインツアーだけでなく、2次元キャラクターによるツアーガイドや普段入れない場所に潜入する様子の配信など、オンラインでしか体験できないツアーにより新たな体験価値を提供します。

オンラインツアーの普及は、子育てや介護で現地に行くことが難しい方や、体調面の不安により旅行を控えている方、海外在住で時間やコストに制限がある方など、これまで旅行が難しかった人々の需要を生み出しています。

IT技術は日々進化しています。AI（人工知能）の活用によりパーソナライズした旅の提案、デジタルマーケティングによる新商品の開発、仮想体験の実現、旅先でのデジタルサポートなど旅の魅力を高める可能性がありますが、旅の醍醐味の「人や地域とのふれあい」の接点と有機的に連携させることが大切です。

ユニバーサルツーリズムの対象	推計結果		潜在・現状比較 (上段：差、下段：増加率)
	現状の市場規模	潜在的市場規模	
外出に何らかの不自由が ある高齢者	1,074.4万人/年	1,639.2万人/年	564.4万人/年 52.5%
障がい者	1,881.2万人/年	2,556.5万人/年	665.3万人/年 35.9%
ユニバーサルツーリズム全体 (合計)	2,955.9万人/年	4,195.6万人/年	1,239.7万人/年 41.9%

外出に何らかの不自由がある高齢者・障がい者を対象としたユニバーサルツーリズムの
現状・潜在的市場規模(国内宿泊旅行延べ人数)の推計結果

(出典：観光庁「ユニバーサルツーリズムに関する調査業務報告書 令和4年」より)

現 状

　観光庁によるユニバーサルツーリズムの国内市場規模の想定では、年間で延べ4,000万人以上の潜在的な市場規模があるとされています。海外からの観光客も含めて考えると、観光ビジネスのターゲットとしての可能性は非常に大きく、重要なものになります。

　観光庁の定義によれば、ユニバーサルツーリズムとは、「すべての人が楽しめるよう創られた旅行であり、高齢や障がい等の有無にかかわらず、誰もが気兼ねなく参加できる旅行」を指し、すべての人にとって利用しやすいユニバーサルデザインの考え方に基づいたツーリズムとして、定義されています。また、バリアフリーとは、高齢者、障がい者、妊婦や子供連れ、さらには外国人観光客なども含めて行動に何らかの制約のある人でも、気兼ねなく、自由に行動できることを指します。

　東京2020オリンピック・パラリンピックでは、すべての人々にとってアクセス可能でインクルーシブな競技大会を実現するため、「Tokyo2020アクセシビリティ・ガイドライン」が策定されました。また、宿泊施設のバリアフリー法と呼ばれるバリアフリー、車いす利用への対策基準が設定されました。床面積2,000㎡以上かつ客室総数50室以上の宿泊施設を建築する場合、建築する客室総数の1%以上の車椅子使用者用客室を設けるなどとしたものです。2025年の大阪・関西万博でも、すべての人が、安全、快適に楽しめるよう、万博会場までの交通アクセス、会場施設、サービス内容等に関するユニバーサルデザインガイドラインを策定しています。

　観光庁では「観光施設における心のバリアフリー認定制度」を設け、基準を満たす観光施設に対して、認証マークを提供するとともに、その情報公開を進めています。今回の制度では、バリアフリーの設備、スタッフの教育訓練、情報発信に基準を設け、質の担保を求めています。

　ユニバーサルツーリズムへの対応は、ビジネスとしての観点から「戦略」と考えることです。バリアフリー対策は、福祉やボランティアとして捉えられがちですが、ビジネスの付加価値として考える必要があります。付加価値を高めて顧客を開拓することを考え、ビジネスとして取り組むことが重要です。

　ユニバーサルツーリズムビジネスの未来戦略は以下のようになります。

① ターゲットを明確にする

　バリアフリー対応とその教育、人材育成などの取り組みはまだ一部の施設だけのものとなっています。このような中、自社で提供するバリアフリーの対象となる層を明確にして、対応に取り組むことは差別化につながります。その際、自社で対応できること、カバー可能な範囲を明確にします。

② 対応可能なサービス内容を発信する

　宿泊予約サイトでは、バリアフリールームを設ける宿泊施設の部屋の状況を把握し、予約できるようになっています。しかし、バリアフリーの取り組みについて積極的に情報発信を行っている施設はまだ多くありません。今後は、高齢者、障がい者で旅行を楽しみたい方に向けた情報を発信し、対応可能なサービスを選んで予約をしてもらえる仕組みが必要となります。自社が提供するユニバーサルツーリズムの案内、自社サービスの特徴も明確にしてアピールし、差別化を図ります。

③ 連携する

　高齢者への支援、介護の程度に応じて、障がい者には障がいの内容と程度により、それぞれ受け入れ対応を考える必要があります。地域の観光には、地域事業者や行政、さらには地域住民の力も必要で、それらの連携により地域全体での対応を考える必要があります。

　これまで旅行を諦めていた人たちが、改めて旅行を体験できるようになることは、貴重な経験で、大切な思い出になるはずです。ユニバーサルツーリズムには、そのような人たちからの大きな期待があり、観光ビジネスを考えるうえでも重要な役割があります。

　日本は海外と比較して、ユニバーサルツーリズムへの対応の遅れが指摘されてきました。海外の状況を見ると、宿泊施設など受け入れ側の設備に対する厳しい規制のある国もあり、さまざまな対応に取り組むことで、車椅子による旅行でも、健常者と同様に観光が楽しめる環境が整備されている地域もあります。しかし、重要なことは、高齢者や障がい者を特別視せず、抵抗なく受け入れられる文化、習慣が根付いていることといわれています。たとえ受け入れのための環境、設備が不十分であっても、その場にいる人が手を貸し、協力することができれば、ユニバーサルツーリズムを十分に提供できる部分は多くあります。このような意識の醸成も重要な取り組みになるといえます。

第 **9** 節

注目の観光ビジネス

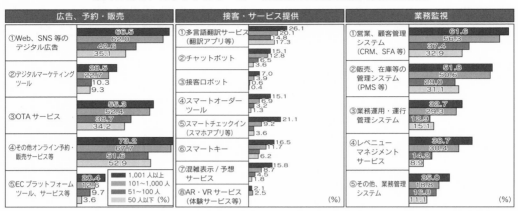

導入されているデジタルツール：宿泊業の企業規模別（従業員数別）

（出典：観光庁「観光DX 推進のあり方に関する検討会 最終取りまとめ参考資料」より）

現状

　観光庁の調査によれば、宿泊施設では、従業員数規模により、デジタルツールの利用状況に違いが見られます。ホームページやSNS等のデジタル広告は比較的多くの事業者が利用しており、次いでOTAやオンライン予約・販売サービスが利用されていることがわかります。併せて、営業、顧客管理システム（CRM、SFA）の導入、宿泊施設では宿泊管理システム（PMS）についても比較的多く導入されているという結果が出ています。

　観光ビジネスの分野、特に飲食や宿泊業では、他業種との比較で生産性が低いことが指摘されてきました。いずれも、提供するサービス、顧客への対応は人に頼らざるを得ないことがその理由と想定されます。しかし、今後は、DX（デジタル・トランスフォーメーション）と呼ばれるデジタル化の導入による生産性向上と付加価値の向上が求められます。例えば、オンライン予約システムを通じて、デジタル化された顧客情報、予約情報がPMSや顧客管理システムに連携されることにより、宿泊施設ではデジタルデータに基づく、データ分析が可能となります。顧客ごとの情報を一元的に把握して顧客ごとの宿泊や対応の履歴を把握し、顧客一人ひとりに向けた対応により、顧客との関係性をさらに強くし、サービスの向上に寄与するものとします。城崎温泉（兵庫県）では、各宿泊施設がPMSの統一化により情報共有し、「豊岡観光DX基盤」と呼ばれるデータ活用の仕組みづくりを進め、地域を挙げて顧客の再来訪に向けたアプローチを行うことで、リピーター率の向上を図っています。

　このように、観光分野におけるIT・デジタルの活用による新たな施策、サービスの提供が進展しており、利便性向上、新たな価値提供、集客などにつながる取り組みとなっています。

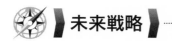

観光DX・ITビジネスの未来戦略として重要となるのは、個人の嗜好に沿った観光の提案、付加価値の向上を、IT、デジタル技術を活用することにより提供していくことになります。

① 個々の観光客ニーズへの最適化

観光客の好む旅行のスタイルや予算、目的から、移動手段、宿泊施設の組み合わせをAIにより提案するとともに、交通機関、訪問する観光施設、体験・アクティビティ、宿泊、食事の予約まで、観光行動のすべてを対象として決済までを一括で行える仕組みを提供します。

外国人観光客に向けた多言語、異文化への対応、高齢者や障がい者のためのバリアフリー対応の情報提供など、質の高いコンシェルジュサービスを、誰もが享受できるようになります。

② 観光地情報の提供

観光地、観光施設ごとの現在の混雑状況や交通渋滞の予測などの情報を提供し、観光の所要時間の予測や混雑を回避する周遊ルートの提案ができれば、観光地での混雑、渋滞の緩和につながります。さらに、駐車場の混雑情報、利用可能なトイレの情報などを提供することにより、利用者の利便性が高まり、満足度は非常に高いものとなります。

③ 集客・誘導

交通手段の少ない地方では、これまで移動方法がわからず訪問することが困難だった観光客も、①②のようなサービスが利用できるようになることで、訪問のハードルは大きく下がります。また、メタバースのような仕組みを提供することにより、訪問意欲が増進され、これまで観光客の訪問が多くなかったエリアへの集客が期待できます。結果的に、観光客の訪問先が分散されることとなり、オーバーツーリズムの緩和といった効果も期待できます。

観光分野のDX化は、今後さらにデジタル化が進み、多様な情報収集ができるようになることで、それらの情報をもとにした観光客にとって付加価値の高い情報提供が可能になります。さらに、個人の嗜好などを踏まえて、観光客一人ひとりに最適な提案ができるようになります。訪問したい場所や体験したいアクティビティ、さらに興味のある分野として歴史や自然、食事といったテーマ、その人の持つこだわりなどから、AIが観光先や観光テーマ、ストーリーを考え、周遊コース、交通手段、宿泊場所、飲食店、体験、土産購入の場所まで提案が可能です。個人の旅行履歴から利用者の趣味・嗜好の把握も可能となり、より役立つ情報、好みに基づくサービスの提供を可能にします。

DX化、IT活用により、観光客にとってさらに快適で高い付加価値を提供することが可能となり、観光客にとって一生の思い出となる観光を提供できるようになることを理解して、観光DX・ITビジネスの深化を進めていく必要があります。

9-2　遺産観光ビジネスの現状と未来戦略

遺産登録件数				2021年11月現在
区分		総数	内、日本	認定機関
世界遺産	文化遺産	897	20	ユネスコ世界遺産委員会
	自然遺産	218	5	
	複合遺産	39	0	
	合計	1,154	25	
無形文化遺産		567	22	ユネスコ無形文化遺産委員会
世界農業遺産		86	15	国際連合食糧農業機関
日本遺産		104		文化庁
日本農業遺産		32		農林水産省

（出典：文化庁ホームページおよび農林水産省ホームページより）

現　状

　世界遺産は、1972年のユネスコ総会で採択された「世界遺産条約」に基づき認定、登録されたものであり、文化財、景観、自然など、人類が共有すべき「顕著な普遍的価値」を持つ物件を後世に伝えるべき遺産として「世界遺産一覧表」に記載されたものです。世界遺産には、「文化遺産」、「自然遺産」、この両方の要素を兼ねた「複合資産」の3種類があります。日本からは、文化遺産20件と自然遺産5件が登録されています。

　無形文化遺産は、2003年にユネスコ総会で採択された「無形文化遺産の保護条約」に基づき認定・登録された伝統的な音楽、舞踊、演劇、工芸技術などの文化遺産で、「無形文化財一覧表」に記載されたものです。日本からの登録は22件となっています。

　世界農業遺産は、2002年に国際連合食料農業機関（FAO）で提唱され、伝統的な農法や、生物多様性の守られた土地利用のシステム、それに関わることで育まれた文化や風景などを保全し、次世代に引き継いでいこうという目的で設立されました。現在、世界で86地域、うち日本からは15地域が登録されています。

　日本農業遺産は2016年に創立、世界の評価基準にわが国として特有の評価基準が付加され、現在までに32地域（うち15地域は世界農業遺産）が登録されています。

　日本遺産は、文化庁が「地域の歴史的魅力や特色を通じて我が国の文化・伝統を語るストーリー」を認定するもので、地域が主体となって整備・活用し、内外に発信することにより地域の活性化を図ることを目的にしています。104件が認定されています（2023年1月現在）。

未来戦略

　遺産観光ビジネスは、アフターコロナの有力な観光分野のひとつとして期待されます。遺産観光ビジネスの未来戦略のポイントは次の諸点です。

　第1は、遺産価値の保全とオーバーツーリズム対策です。

　人気観光地では、過剰な観光客による遺産の毀損や、地域住民の生活を脅かすなどのオーバーツーリズムによる問題が発生しています。"遺産"は、後世に伝えるべき資産であると同時に、訪れる客にとって「貴重な学びの場」でもあり、保全を第一に考える必要があります。またオーバーツーリズムの問題はさまざまに形を変えて発生する可能性があるため、入場制限や他地域への分散など、地域の特性に応じた個別的な対応が必要であり、常に観光地域の実態を把握するとともに早めの対応ができる体制が必要です。

　第2は、周辺地域を含めた観光価値の向上です。

　「遺産」のみを観光対象と考えている場合、地域への観光客の滞在時間も短く経済効果が低い傾向があります。これへの対策としては、当該遺産に加えて、周辺の地域の歴史や自然、独自の文化などの資源の活用が考えられます。例えば、郷土料理、伝統的工芸品制作体験、古民家宿泊、星空や夜景観賞などを組み合わせるなどの工夫や、さらに地域の魅力を伝えられるガイドも必要です。また、外国人観光客への対応として案内図や説明パンフレット等の多言語化も必要です。自動翻訳機や翻訳ソフトも進歩しており、大いに活用するべきです。

　第3は、無形文化遺産の積極的活用です。無形文化遺産には音楽、舞踊、演劇、工芸技術などがありますが、観光客の関心がモノからコトに向く中で、無形文化遺産は恰好の観光の素材といえます。例えば、地域で行われる伝統的な踊り行事への事前練習および貸衣装付きの参加体験を提供したり、伝統工芸技術では、器づくり体験やできた器で郷土料理を提供するのも喜ばれるでしょう。状況が許す限り本物体験を提供することです。なお、無形文化財はその地域の歴史、文化、風習、生活と密接な関係があります。体験サービスでは所作などの体験のみならず、バックグラウンドとしての歴史や意義などの知識も提供することが大切です。

　最後に、遺跡観光を進めるうえで大切なことは地域住民の理解と積極的協力です。観光の楽しみのひとつは地域住民との接触です。住民とのふれあいが観光客の地域に対する印象を大きく左右します。地域住民一人ひとりの観光資源や地域への誇りが地域の魅力を伝える後押しになることを忘れてはなりません。遺産観光ビジネスは、長期的見地に立って、地域住民の協力のもとDMOなどが中心となって常にブラッシュアップし、情報発信を地道に進める必要があります。

旅行関連商品ビジネスの現状と未来戦略

旅行用品のカテゴリーと商品	
カテゴリー	商品例
スーツケース・バッグ	スーツケース・バッグ、ハードキャリー、ソフトキャリー、ボストンバッグ、ビジネスバッグ
その他バッグ	リュック・バックパック、レディースバックパック、ショルダーバッグ、ボストン・ダッフルバッグ、折りたたみバッグ・リュック、ウエストポーチ・ヒップバッグ、メッセンジャーバッグ、トートバッグ
スーツケース・バッグ関連アクセサリー	スーツケースベルト、ネームタグ、荷物まとめバッグ・グッズ、鍵・TSAロック、重量スケール、スーツケースカバー、ショルダーストラップ・パッド、レインカバー
整理袋・荷造りグッズ	衣類収納グッズ、洗面・化粧品収納ポーチ、シューズケース、バッグインバッグ・スパバッグ、圧縮袋、機内持込用液体ボトル・パック
機内快適グッズ	トラベルピロー・クッション、アイマスク・アイピロー、耳栓、スリッパ、防寒グッズ、足の疲れ対策グッズ、ルームシューズ
滞在快適グッズ	使い捨て下着、旅行用洗濯グッズ、キッチン用品、トラベルパジャマ、トラベルスリッパ、携帯ウォシュレット、旅行用衛生用品、はさみ、旅行用洗面用具、携帯食料品
旅行用防犯グッズ	旅行用財布、パスポートケース・カバー、貴重品入れ、防犯バッグ、ワイヤーロック、切り裂き防止ネット、スキミング防止グッズ
旅行用電化製品	変換プラグ、変圧器、パソコン・スマホ・USB関連、ドライヤー、ヘアアイロン、シェーバー、モバイルバッテリー、Wi-Fiルーター
バックパッカー・アウトドア用品	寝袋、レイングッズ、水筒、コンパス、キャンプ用品、衛生・トイレグッズ、ウォーキングシューズ、スニーカー、サンダル、携帯ライト、ヘッドランプ
その他	旅行ガイドブック、翻訳ソフト、携帯翻訳機、会話集、"旅"をテーマにした雑貨や文具、食品、マスク、携帯用抗菌液・除菌シート・車載用携帯トイレ、携帯双眼鏡

（出典：2023年12月改訂 観光ビジネス研究会調べ）

現　状

　旅行関連商品市場では、スーツケース等旅行バッグ類から世界各国の電気事情に応じた電気製品など、旅をサポートするさまざまな商品が展開されています。多様化する旅行者ニーズに対応してきた結果、製品カテゴリーも多様化し、新型コロナウイルスの感染拡大を受けて、マスク、携帯用抗菌液や除菌シートなどの衛生用品アイテムも必要となるなど、社会的環境変化の影響を受けて商品アイテム数も増えています。

　旅行関連商品市場に参入している事業者は、製造業者としては、カバン、袋物、家電、電気パーツ、日用品、靴、鍵、アウトドア、衣料のほか、昨今は情報機器のメーカーやIT関連企業など、また、販売業者としては、旅行用品専門店、バッグ専門店、雑貨店、アウトドア専門店、スポーツ専門店、家電店、百貨店等まで、幅広い業種により構成されています。

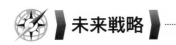

未来戦略

　2024年は、国内旅行のみならず、海外旅行も増加するものと予想されており、コロナ禍を経て新たな旅行環境のもと、旅行関連商品についても需要の拡大が期待されます。

　旅行関連商品ビジネスの未来戦略は、従来から旅行用品に求められている「耐久性」、「携帯性（軽量、コンパクト）」、「汎用性（さまざまな場面で使える）」、「防犯」、「快適性」に加えて、観光ニーズの多様化や法律の改正、新型コロナウイルス感染症の感染拡大をきっかけとして生まれた新しい旅行スタイルに対応した製品の開発です。

　コロナ禍のもとで、国内の旅行ではキャンプやグランピング、ドライブ、車中での宿泊、自転車旅行など、安全な少人数、ひとり旅といった旅行スタイルが増えました。また、観光地やリゾート地でテレワークをしながら休暇をとるワーケーションや定額制ホテルを利用した旅行なども、認知度が上がりつつあり、今後はひとつの旅行スタイルとして定着するものと考えられます。このほか、新しい旅行スタイルとして、自分の分身としてロボットだけを旅行させるツアーや現地に行かなくても旅した気分を味わえるオンラインツーリズムが開発されましたが、アフターコロナでも外出困難者や旅行先の事前学習や情報収集などに活用されそうです。

　こうした動きは、旅行が手軽なものとなり、旅行先でも個人の日常生活や趣味嗜好に合った体験を求めるニーズが増え、旅行関連商品のビジネスチャンスにつながると捉えることができます。

　例えば、ワーケーションの場合は、処理能力が高いパソコンやポケットWi-Fi端末器、充電ケーブル、バッテリーなどが、また、アウトドアを目的とした旅行では使いやすい調理用のカセットコンロや食器類が、自転車による旅行では長距離ツーリングや大容量のバッグを取り付けやすいランドナー、お洒落なヘルメットや自転車に装着するドリンクホルダーやスマホホルダーなどのニーズが増えることでしょう。マスクや除菌シートなどの衛生用品も旅行必携アイテムになりそうです。

　なお、落ち着いた睡眠のための「ネックピロー・アイマスク・アイピロー」、荷物軽減のための「使い捨て下着」など定番の旅行用携帯製品等も引き続きニーズはあると考えられます。ICカードの個人情報流出を防ぐ「スキミングガード機能付きのカードケース・トラベルケース」、バッグ盗難防止用「ワイヤーロック」などの防犯製品も安全・安心には不可欠のアイテムです。

　旅行関連商品ビジネス市場には、観光ニーズの変化を捉えて既存製品の改善あるいは新製品の開発をすることにより、新たな需要を生み出す可能性があり、多くの業界において新規参入や市場獲得のチャンスが存在するといえます。なお、アイテムの数が増加する中では、ネットで商品検索する消費者にわかりやすい商品説明をすることもポイントになります。

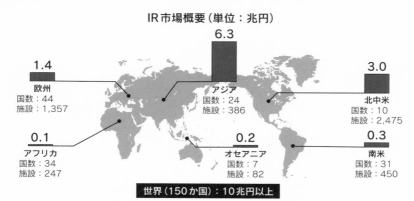

IR市場概要(単位:兆円)

6.3

1.4
欧州
国数:44
施設:1,357

アジア
国数:24
施設:386

3.0
北中米
国数:10
施設:2,475

0.1
アフリカ
国数:34
施設:247

0.2
オセアニア
国数:7
施設:82

0.3
南米
国数:31
施設:450

世界(150か国):10兆円以上

(出典:ベイカレントコンサルティング レポート「日本が目指すべき統合型リゾートとは」より)

現　状

　カジノを含む統合型リゾートを整備するための法律「特定複合観光施設区域整備法(IR整備法)」が2018年7月に成立、政府は2020年12月にIR基本方針を正式決定しました。このIR整備法は大型ホテル、MICE施設、映画館やプールなどのアミューズメント施設、レストランにショッピングモールなどを含めた複合観光施設を造るための法令です。わが国に統合型リゾートが開業するのは早くて2029年以降になる見込みです。

　このIR基本方針では、わが国でIR開業が認められるのは全国で3か所とされ、その後各地の自治体が最初に認可される3つの枠をめぐって競争が始まりました。当初は、北海道、東京、千葉、愛知(2か所)、大阪、和歌山、長崎、沖縄が候補地となっていました。3つの枠に9つの自治体が立候補した形です。しかしながら、その後に起きた開催地市民の反対運動や推進派市長の交代などによって2022年末の時点で7か所の自治体が次々と撤退し、残ったのは大阪と長崎の2か所となりました。この大阪、長崎ともに国土交通省に統合型リゾート整備計画を正式に提出しており、2023年の4月になって大阪の整備計画は正式に承認されました。

　残る長崎について、同県の計画文書提出から1年半後の2023年末に国土交通省はこの整備計画を認定しないと発表しました。理由としては、資金調達の確実性を裏付ける根拠が不十分であることなどを挙げています。これでわが国における統合型リゾート開業地は大阪の1件のみとなりました。

　大阪IRの計画予定地は大阪湾の人工島「夢洲（ゆめしま）」の北側、敷地面積約49.2万㎡で、大阪・関西万博の隣接地になる予定です。大阪IRの出資者は日本MGMリゾーツとオリックスがそれぞれ約40％、残りを少数株主が持ち総出資額約5,300億円、これに銀行団からの借入金約5,500億円を加えた約1兆800億円が初期投資額となる巨大プロジェクトです。大阪IRの整備計画はすでに出されており、その概要は、4つの施設群（MICE施設、劇場・レストランなどの魅力増進施設、宿泊施設、カジノを含むエンタテインメント施設）とバスやフェリーターミナルの送客施設になります。ただし、融資する銀行団の足並みの乱れや工事での地盤沈下や液状化への対策、事業参加者が実施協定に異例の「撤退権」を付けたことに加えて同じ人工島で先行する大阪・関西万博進展の影響を受けることなどから、これらのリスク要因をいかに軽減していくのかが未来戦略となります。

　一方、日本全体のIR（総合型リゾート）ビジネスの未来戦略を考えた場合、先行する大阪IRの後にどのような広がりを作りだすことができるのかがポイントとなります。

　外部環境を見てみると、ラスベガスを抜いて世界最大のカジノ新興都市となったマカオに大きな変化が起きています。習近平指導部の汚職取り締まりの「反腐敗運動」でマカオのカジノが標的のひとつになり、2022年に入って中国政府当局はカジノに富裕層の顧客を誘致する仲介業者最大手と業界2番手のトップを逮捕しました。マカオは経済成長によって生まれた富裕層を取り込み、2019年には売上高4兆2,104億円とラスベガスを凌駕するまでになりましたが、2022年度の入場者数は494万人と2019年比の12％程度に落ち込んでいます。

　韓国のカジノは国内に17か所も開設されており、コロナ禍で苦境に立たされたものの2022年以降客足は戻りつつある状況です。今回の大阪IR認可を受けて、規模の小さいカジノが主体の韓国カジノ業界も、カジノ施設以外の統合型リゾートに変わっていかなければならないという危機感を持ち始めています。

　わが国では新規のギャンブルへの近隣住民の抵抗感は強く、一般の人々が出入りできる場所でのカジノ開設は難しい環境にあると思われます。しかしながら、コロナ禍後の海外旅行客数増加は大きな機会であり、例えば、一般の人々が出入りすることが比較的難しい空港内および海外航路のある一部の港湾施設内での簡易カジノ施設の展開にビジネスチャンスが存在するものと考えます。日本のパチンコ店のように、ヨーロッパでは街に1〜2か所ほど簡易カジノがあり、庶民が簡単に立ち寄れるようになっています。同様に飛行機や船の待ち時間をつぶせるような簡易施設の展開は、大阪IR開設以降カジノの認知度が広がった際に可能性があるでしょう。

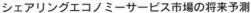
シェアリングエコノミーサービス市場の将来予測

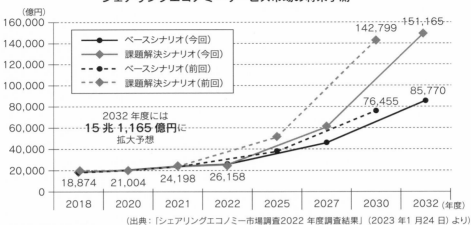

（出典：「シェアリングエコノミー市場調査2022年度調査結果」（2023年1月24日）より）

現　状

　シェアリングエコノミーは「個人等が保有する活用可能な資産等」をシェアするビジネスです。シェアリングエコノミービジネスには、一般的に①空間のシェア（民泊、荷物預かり、多拠点定額住み放題サービス）、②移動のシェア（車・自転車のシェア）、③スキルのシェア（通訳、翻訳などのクラウドソーシング）、④モノのシェア（衣服等）、⑤お金のシェア（クラウドファンディング）の5つに分類されます。特に代表的なビジネスとして、住宅を利用した民泊ビジネスや、自家用車を利用した車両のライドシェア、個人のさまざまな専門スキルを提供するビジネス等があり、現在も新たなビジネスが生まれつつあります。2022年に一般社団法人シェアリングエコノミー協会が行った市場調査では、2022年度の日本における市場規模は2兆6,158億円となり、2032年には15兆1,165億円になると予測されており、今後も市場規模は増加していく傾向にあると推測されています。

　コロナ前、観光に関わるビジネスとしてインバウンド向けの民泊ビジネスが注目され、訪日外国人の増加による需要増に伴い、民泊事業者が激増しました。しかし、それに伴い違法な民泊や地域住民とのトラブルも増え、その結果規制が強化され、昨今ではその数も一時減少し、一定数まで落ち着きました。最近では全国のタクシー運転手の減少に伴い、地方や観光地などでのタクシーが不足する状況が増えてきており、日本でのライドシェアの規制緩和を求める世論も出てきています。一方で、規制緩和の前に、なし崩し的に無免許での送迎を行う事業者（いわゆる白タク）も増えてきており、規制緩和を推し進めるとともに、新たなルール整備も求められてきています。

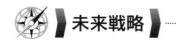

未来戦略

　シェアリングエコノミーとは、「個人等が保有する活用可能な資産等（スキルや時間等の無形のものを含む）を、インターネット上のマッチングプラットフォームを介して他の個人等も利用可能とする経済活性化活動」と内閣官房IT総合戦略室長の下に設置されたシェアリングエコノミー検討会議において定義されました。そのため、資源や資金の限られている観光ビジネスにおいて、シェアリングエコノミーサービスは重要な手段となり、今後も市場規模が拡大していくことが見込まれます。

　空間のシェアとして、訪日外国人向けの民泊などが盛り上がっています。株式会社シェアウイングが運営する「お寺ステイ」ではお寺を宿泊場所として、宿坊＋体験プログラムなどを提供するサービスを行っています。滞在者は、お寺に滞在することで、日本文化を体験し、住職や地域住民との交流を図ることができます。

　また、コロナ禍でテレワークが増加したことを背景に、都心のオフィスに出社する必要のなくなったビジネスマンが地方に移住するというライフスタイルの変化や、遠隔で仕事をしつつ地方観光を行うワーケーションが注目されており、空間のシェアサービス（多拠点定額住み放題サービスなど）の新たなニーズが生まれました。また、インバウンド需要の蒸発により売り上げの減少したホテル・旅館等の事業者が多拠点定額住み放題サービスを提供する事業者と提携して、観光客需要が減少しているウィズコロナの状況でもワーケーションなどの新たな需要を取り込み、生き延びる施策を模索することも可能です。

　このようにシェアリングエコノミービジネスはウィズコロナ、アフターコロナ、どちらの時期においてもニーズが見込まれ、今後も市場が拡大していくことが予想されるビジネスモデルです。一方で、新たな仕組みやサービスとなるため、既存の事業者との摩擦や地域住民などのさまざまなトラブルが増える可能性もあり、利用者の安全性の観点からも、規制の緩和を行うとともに、新たなシェアリングエコノミービジネスに合わせた法整備が求められます。

　シェアリングエコノミービジネスは、「個人等が保有する活用可能な資産等」をシェアするビジネスです。今後、日本全体の人口減少に伴い生産年齢人口の減少や遊休資産が増加することが見込まれる中で、新たな追加投資を行わないでもシェアリングエコノミーサービスを利用し既存の遊休資産や人的リソースを活用することで、労働力人口の減少が見込まれる日本の観光業界においても、インバウンドによる新たなニーズに対応できるようになることが期待されています。

ナイトタイムエコノミーのさまざまなタイプ		
分野	主要施設の例	特徴的な体験や事例
飲食	レストラン・バー、居酒屋、屋台	地元食材・調理法を活かした料理、常連客との交流
音楽（鑑賞）	コンサートホール、ライブハウス、ジャズバー	優れた演奏、地元ファンとの交流
音楽（実行）	ディスコ、クラブ、カラオケ	ダンス、歌唱
舞台芸術	劇場、演芸場、映画館、ホール、（公園・広場）	映画演劇、解説付きの能楽・歌舞伎や落語・漫才
美術等	美術館、博物館、図書館	時間外に展示物鑑賞、詳細なガイドや飲食
アミューズメント施設	遊園地、テーマパーク、プール	混雑を回避、キャラクターと交流
スポーツ（鑑賞）	競技場、スポーツバー	スポーツ観戦、地元ファンとの交流
スポーツ（実行）	スキー場、ボウリング場、フィットネスジム	運動でリフレッシュ
ゲーム	ゲームセンター、eスポーツ	eスポーツは観賞も
リラクゼーション	美容院、エステ、スパ、ヒーリング、ヨガ	昼間は観光し夜間を有効活用、疲労回復
クルーズ	屋形船、水上バス、ナイトクルーズ	渋滞無しに夜景を観賞、飲食の提供
イルミネーション	公園、街路、店舗、海・川	プロジェクションマッピング、伝統的な灯籠流しも
地域行事・祭り	祭り、盆踊り、縁日・夜店	背景や伝承の解説、行列等への参加
夜景・ライトアップ	花火、蛍、夜景、桜・紅葉、公共建築、城郭	高台、高層階から見学、季節限定のイベントも
空	星空、天体イベント（彗星・日月食等）	周囲に電灯が少なく暗い夜空など観賞の適地
ユニークベニュー	歴史的建造物、寺社、橋、駅、砂丘他	ショー、コンサート、ライトアップ等イベント開催
その他	パレード、商店街等の散策、生活体験	ハロウィン、昔話の観賞や炉端等で住民と交流

（出典：株式会社日本総合研究所「JRIレビュー 2022Vol.4 No.99」より）

現状

　ナイトタイムエコノミーとは「夜間における経済活動」であり、観光客の回遊性や長期滞在により、宿泊、飲食、体験、交通などで、昼と夜のダブルでの経済効果や雇用創出にも大きく寄与するなど、期待される分野です。

　外国人観光客からは、かねてから日本には夜間に楽しめる場所が少ないといった声がある中で、政府は、2010年代の後半からナイトタイムエコノミー振興策に着手しました。

　具体的には、2018年〜2019年度に「最先端観光コンテンツ インキュベーター事業」の中でナイトタイムエコノミーのモデル事業を実施し、ここから得られた知見・成果を集約しナレッジ集としてまとめて公開しました。また2020年度には、「夜間・早朝の活用による新たな時間市場の創出事業」として31の事業を採択し、事業展開を支援してきました。

　しかし、こうした施策も新型コロナ禍でメインターゲットの外国人客が激減し、頓挫状態を余儀なくされました。2023年はインバウンド回復基調とともにナイトタイムの観光も徐々に回復しつつあり、今後の消費拡大への起爆剤として期待されています。

　ナイトタイムの観光は、日本人観光客からもアフターコロナの観光対象として、夜景、イルミネーション、星空鑑賞、クルーズなど屋外の活動に注目が集まっており、今後の成長分野として注目されます。

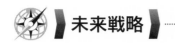

　ナイトタイムの観光のメインターゲットは外国人観光客となりがちですが、日本人観光客も観光の付加価値の向上や滞在期間の長期化を図るうえで重要なターゲットとして考える必要があります。さらに高齢者や障がい者のニーズの取り込みも含めて、安心・安全に配慮したナイトタイム観光の開発、整備が望まれます。

　夜間は、人間にとって「安らぎ」「気の落ち着き」「癒やし」とともに「明日の活力を涵養」する時間帯であり、また「心が解放されやすい」時間帯でもあります。これらを踏まえてツーリズムを造成し、地域を整備および運営する必要があります。ポイントは次のとおりです。

① ナイトタイムエコノミーの観光コンテンツ

　地域の施設や景観、伝統、歴史、行事などを活かして、昼とは異なる魅力を演出する必要があります。自然景観、建物や街並み、公園等におけるライティングイベント、野外の音楽会、野外劇、伝統芸能鑑賞、野外スポーツ活動なども開放感の中で意識が集中できます。また、美術館、博物館では夜間の特別展示、催し物の開催などが可能であり、入場料や参加料等は提供価値に見合った料金設定が可能です。なお、観光客にとってはメインイベント前の雰囲気づくりやイベント後の余韻を楽しむレストラン、バー、カフェ、みやげ物ショップなども欲しいところです。これら観光施設間やホテルへの容易な移動手段の整備も必要です。

② ナイトタイムエコノミーの運営上の留意点

　ナイトタイム観光の時間帯は、深夜から翌日早朝に及ぶこともあり、昼とは異なる地域運営が求められます。この間に発生する騒音、ごみ、犯罪などへの対策、夜間医療や災害発生時に対応できる体制も必要です。また、イベント開催時には、一時的に多くの人が集まることから、来場者の交通手段、宿泊施設、交通整理などの方法等、十分に事前検討が必要です。実施に関連する事業者、地域の住民、警察、医療機関、役所などの連携のもと、イベントや地域に合った特段の体制と運用が必要です。

③ 観光客への利便性配慮

　観光客へは夜間の地域の魅力の事前情報発信とともに、現地では、わかりやすいWebサイトやガイド誌や案内所などが必要です。場所によってはバリアフリー化なども必要であり、外国人向けには多言語対応が求められます。また、イベントへの予約や料金支払いをキャッシュレス化するなど観光客のストレス軽減への配慮が必要です。

　ナイトタイムエコノミービジネス開発は、明確な開発方針、ビジョンのもと、地方自治体、事業者、住民が一体となって取り組むDMO等によって進めることが求められます。

‖ おわりに ‖

「観光は平和のパスポート」と呼ばれ、「平和と観光」は永遠に変わらない相互関係にありますが、いまはロシアとウクライナの戦争やイスラエルとハマスとの戦争など世界的な争いが発生しています。相変わらず人間は争いごとを避けて共存する勇気を持てないことは悲しいことです。

人間社会は人種や思想が違ってもお互いが理解し合うことが求められます、お互いに学び合い新しい発見や気づきを持つことができれば、人間の自由は尊重され、争いのない世界が実現できるのではないでしょうか。観光の魅力に若いうちから触れることの価値を知らなければ、豊かな人間性や地域文化も育ちません。

わが国の観光は、かけがえのない自然や環境を大切に、地域ごとに価値のある観光の魅力を磨き上げて、親切な人々とともに、地域の文化や心の豊かさを誇れる安全・安心な社会を築き上げることが大切ではないでしょうか。

観光は、人が人に対してサービスの提供をすることのため、生産性の追求も難しいといわれますが、これを人々の努力で高められたら、その価値は大きくなります。世界的に評価が高く親切な心を持つ人たちとともに、地域の観光価値を高め価値に見合った経済的な付加価値を上げるために、若者や女性のコミュニティを支援して、地域の発展を支援することがわれわれの使命と感じています。

観光ビジネスは、産業のすそ野が広く多岐にわたりますが、観光庁の発足によって最新データの入手もかなり容易になってきました。本書は、客観的で最新の情報を入手・分析、すそ野の広い観光ビジネスのそれぞれの分野における現状についてわかりやすく解説し、さらに発展するための具体的な未来戦略のヒントをお示しできたと思います。

この『観光ビジネス未来白書』の情報は、各自治体においては観光振興による地域活性化計画の立案について、観光ビジネス事業を経営されている方には中期経営戦略の策定や新たなビジネスモデルについて、学生の方には観光ビジネス分野への関心と新規参入のチャンスについて、観光の研究家の方には観光ビジネス分野の未来研究や論理的検証について、一般の方には観光の楽しさや魅力について、最新の状況により理解を深めていただく一助になると思います。

執筆内容についてのご質問、さらには専門的なご相談については、Webサイト「観光の窓口」（http://kanmado.com/）を通じて観光ビジネス研究会にお気軽にご連絡いただければ幸いです。

合同会社観光ビジネス研究会　代表社員　加藤　弘治

◉──参考資料

　国連世界観光機関（UNWTO）統計2023年

　国土交通省観光庁観光統計2023年

　日本政府観光局（JNTO）資料2023年

　数字で見る観光統計2023年

　観光白書2023年

　一般社団法人日本旅行業協会（JATA）統計

　公益社団法人日本観光振興協会統計

　旅行年報2023

　　　　その他参考文献・資料名は各文節内に明示

▎索 引▎

観光ビジネス未来白書の執筆者は、全員が合同会社観光ビジネス研究会に所属する「中小企業診断士」であり、国家資格「旅行業務取扱管理者」や2017年に始まった「インバウンド実務主任者」の有資格者も多数在籍しています。

加藤　弘治（第1章 1-1、1-2、1-3、1-4、1-5、1-6、1-7、第2章 1-3、1-4、1-5、1-6、6-8）

合同会社観光ビジネス研究会　代表社員、中小企業診断士（大阪、岡山）、総合旅行業務取扱管理者、インバウンド実務主任者

マスコミ系・総合商社系・外資系の旅行会社での実務経験を経て旅行会社を経営、観光の人材育成に取り組みつつ、観光ビジネスでの豊富な実務経験と支援実績を有する中小企業診断士として、観光振興による地域活性化を支援する観光コンサルタント。著書は「総合旅行管理者試験テキスト」・「同予想問題集」（同友館）等があり、論文は「観光に関する学術研究論文」（アジア太平洋観光交流センター APTEC）、「国際観光論文」（日本国際観光学会 JAFIT）等があります。

上野　浩二（第2章 5-3、6-5、8-1、8-2、8-3）

中小企業診断士（大阪、奈良）、通信会社系教育会社所属、One U（株）代表取締役、1級販売士、BMIA ジュニアコンサルタント、大阪府6次産業化プランナー、01Booster Mentor、RING HIROSHIMA by ひろしまサンドボックスセコンド、エフェクチュエーション研究家

通信会社では、これまで主に法人営業、コラボ・アライアンス業務を担当し、現在は教育系グループ会社に所属。中小企業診断士登録後は、ビジネスモデルキャンバスを使ったアイデア創造などのワークショップを実施。企業活動や創業支援をする中で、起業家の行動様式である「エフェクチュエーション」を研究・実践しています。学生時代、スポーツをしていたことからスポーツツーリズムについて興味があります。また、奈良でイベント制作ボランティアをする中で、せんとくん・まんとくん・なーむくんの御三家キャラクターに日本で最初にイベント参加を打診した経験を持ちます。

岡村　徳成（第2章 6-2、6-3、6-7、9-4）

中小企業診断士（北海道）、総合旅行業務取扱管理者、証券アナリスト検定会員補、日本 CFO 協会会員

商社勤務で東欧地域を14年間担当。その後農業関連および食品原料、食品流通とリテール業務を担当、農業分野は北海道を専任とする。観光振興に関しては地場産品の作りこみと継続的な観光客誘致の方策について、アドバイスをさせていただきます。

柿原　泰宏（第2章 7-3、7-4、8-5、8-10、9-1）

中小企業診断士（大阪、沖縄、京都）、IT コーディネータ

中小企業の経営と IT のコンサルタントとして活動しています。京都と沖縄を拠点に、観光に関わる事業者への経営支援、観光客をターゲットとするビジネスの支援を中心に活動しています。観光ビジネスの取り組みは中小企業にも欠かせない戦略・戦術です。そのためには、DX の取り組みによる高い付加価値の提供、IT の活用による生産性の向上は今後、不可欠な取り組みになると考えています。

神谷　邦男（第2章 2-4、6-1、6-4、8-4、9-5）

中小企業診断士（大阪）、中小企業事業再生マネージャー（TAM）、行政書士（有資格者）、地域限定旅行管理者

大学卒業後、情報通信会社の経理部に所属し、月次決算・年次決算・税務申告業務を担当。その後、直接金融を行う証券会社にて投資型クラウドファンディングの審査・組成業務を統括。地方自治体とも連携しながら、地域の小規模事業者の資金調達および事業計画作成支援を行う。その後、製造業の会社にて、財務・会計業務・システム業務全般に従事しています。観光ビジネス支援としては、クラウドファンディングのスキームを利用した資金調達や飲食店・宿泊業の事業計画作成の支援等を行っていきたいと考えております。

河合　眞起人（第 2 章 8-6、9-2、9-3、9-6）

　中小企業診断士（大阪）、総合旅行業務取扱管理者、インバウンド実務主任者、QMS 審査員補

　鉄鋼メーカーを経て、現在中小企業コンサルタントとして活動中です。主として製造業で経営計画策定、生産管理、品質管理などのシステム改善、IT 活用等による生産性向上、人材育成の支援をしています。健全な観光ビジネスは、地域の活性化の起爆剤になるとの視点を持って付加価値向上に向けて取り組んで参ります。

佐々木　武（第 2 章 4-1、4-2、4-3、4-4、4-5、4-6、4-7、5-4、5-6、6-6）

　中小企業診断士（滋賀・理事・地域経営研究会代表）、1 級販売士（滋賀・専務理事）、経営革新等認定支援機関

　大手印刷会社にて、事業計画の策定や新事業開発、新製品の立ち上げや市場開拓、販売促進など、住宅・建材分野を中心に、「企画・開発・マーケティング」に 38 年間従事し、多くの実績を上げてきました。オフィス未来（明日の事業を一緒に創る）を開設し、農業経営・法人化・6 次化、BtoB・BtoC 製造業や住宅・建設業、観光・サービス業、地方自治体まで、1 次産業・2 次産業・3 次産業に幅広く携わり、経営理念・経営計画策定や事業開発・市場導入・販路開拓などの企画・開発・マーケティング、人材採用マーケティング、官民連携に関わるプロジェクト運営支援を主要業務として活動しています。企業や地域の課題を解決し、“ありたい姿を一緒にカタチにする”、伴走型の経営コンサルティング活動をしています。

高山　美枝（第 2 章 5-1、5-2、7-1、7-2）

　中小企業診断士（大阪、石川）、国内旅行業務取扱管理者、中小企業事業再生マネージャー（TAM）、事業承継マネージャー（BSM）

　2006 年より大学生や社会人の学びをサポートするセミナーの企画・運営を行っています。妄想旅行と食べることが大好きなオバハン。地域活性化のキー人材や事業所を発掘し、地域に寄り添う伴走型支援をしていきたいと考えています。

滝口　謙一（第 2 章 2-1、2-2、2-3、2-5、2-6、2-7、2-8）

　中小企業診断士（大阪）、国内旅行業務取扱管理者

　大学卒業後、鉄道会社に入社。主にグループのホテル会社に出向し、数々のホテルの運営管理業務に従事し、現在はホテルの経営職として携わっています。今後、観光産業およびホスピタリティ産業の代表的業種であるホテル業で培った経験を活かし、宿泊業の支援を中心とした地域活性化に貢献していきたいと考えています。また、民間企業でのマネジメント経験を活かし、地域における「観光地経営」（DMO）の支援などにも関わっていきたいと考えています。

橋本　節哉（第 2 章 5-5、8-7、8-8、8-9）

　中小企業診断士（大阪）、国内旅行業務取扱管理者、日本語教師（日本語教育検定能力試験合格）

　大学卒業後、精密機器メーカーの販売会社に入社。代理店様向け営業や、大手企業様および中堅企業様向けの直販ソリューション営業職に従事してきました。2023 年 8 月より地元の観光ボランティアガイドの会に所属し観光振興に努めています。趣味はランニングで 100〜200 キロのウルトラマラソンにも毎年挑戦。「走る診断士」として地域の事業者様と伴走しながら観光振興を切り口とした地域貢献・社会貢献につながる活動に取り組んでいます。

福嶋　康徳（第 2 章 1-1、1-2、3-1、3-2、3-3、3-4、3-5、3-6、3-7、3-8）

　　中小企業診断士（大阪、兵庫）、経営革新等支援機関、地域限定旅行管理者

　　学生時代のユースホステルでのヘルパー経験から、普段見知らぬ人との出会いや非日常が満喫できる旅行に関心を持つことになりました。現在は、大手民鉄グループ企業の役員をしています。活動理念は、「コンサルティング・マインドで時代を先読みし、小さな活動から地域を活性化すること」です。中小企業基盤整備機構アドバイザー、健康経営エキスパートアドバイザー、PHP 研究所認定ビジネスコーチ、チームコーチ、（一社）ビジネスモデルイノベーション協会認定コンサルタント、品質マネジメントシステム審査員。

◉──編著者

加藤　弘治

　合同会社観光ビジネス研究会　代表社員、中小企業診断士、総合旅行業務取扱管理者、インバウンド実務主任者

　マスコミ系、総合商社系、外資系の旅行会社での実務経験を経て旅行会社を経営、観光ビジネスの人材育成等に取り組みつつ、観光実務の経験と中小企業診断士のスキルをベースに、「観光を専門分野とするコンサルタント」として、観光および観光ビジネスの振興と発展に取り組んでいる。

　著書は『総合旅行管理者試験テキスト』および『同予想問題集』（同友館）等があり、論文は「観光に関する学術研究論文」入選（アジア太平洋観光交流センター APTEC）、「国際観光論文」入賞（日本国際観光学会 JAFIT）等がある。

合同会社観光ビジネス研究会　観光の窓口　　http://kanmado.com

◉──執筆者 紹介　P.171〜173参照

 WEBサイトから 観光ビジネス関係の最新情報など、メールマガジンの**無料購読**が受けられます。

| 観光の窓口 | 検　索 |

2024年4月10日　第1刷発行

(2024年版) **観光ビジネス未来白書**
──統計に見る実態・分析から見える未来戦略

編著者　加　藤　弘　治
発行者　脇　坂　康　弘

〒113-0033 東京都文京区本郷2-29-1
TEL. 03（3813）3966
FAX. 03（3818）2774
URL　http://www.doyukan.co.jp/
発行所　株式会社 同 友 館

乱丁・落丁はお取替えいたします。　　　　KIT／三美印刷／東京美術紙工
ISBN 978-4-496-05695-6 C3034　　　　　Printed in Japan